La multiplicación de las plantas

fácil

> Autor: **Hans-Peter Maier** | Fotógrafo~~~~~~~~~~~~~~~~~~~~~~~~~~conocidos
fotógrafos especializados | Ilustraci~~~~~~~~~~~~~~~~~~~~~~~~~~Brandstetter

Índice

Jardinería
Las 5 etapas fundamentales

>> rápido y fácil

2 Siembra

Sembrar es muy sencillo si se tienen los conocimientos necesarios, y a partir de simples semillas se puede obtener una gran diversidad de nuevas plantas.

1 Preparación

Si dispone de las herramientas adecuadas y de un buen material, cualquier aficionado a la jardinería puede reproducir fácilmente sus plantas favoritas.

3 Esquejes

Muchas de las plantas del jardín y de la terraza se pueden reproducir abundantemente a partir de pequeños fragmentos de ellas mismas.

4 Injertos

Al injertar se convierten dos plantas en una. Con un poco de práctica, cualquier aficionado a la jardinería también puede sacar provecho de esta técnica tan refinada y profesional.

Descripción de especies

Las 20 más importantes

Algunas de las plantas de interior, de maceta y de jardín más apreciadas y la forma en que pueden reproducirse.

Tablas de plantas

5 Cuidados

Si sabe cuáles son los cuidados que debe proporcionarles, sus pequeñas plantas prosperarán y crecerán estupendamente.

Apéndices

Así obtendrá los mejores resultados al multiplicar sus plantas

HISPANO EUROPEA

Jardinería

Elegir las plantas adecuadas

Multiplicar las plantas es divertido y nos ayuda a ahorrar dinero. Además, si sabe cómo hacerlo, obtendrá la descendencia con las características que le interesen.

Seguro que usted tiene en su jardín o terraza algunas plantas por las que siente una especial predilección:

> Si le gustaría tener más dalias en su jardín, reprodúzcalas usted mismo.

➤ Esas hermosas flores de verano o esas sabrosas legumbres de las que le gustaría tener algunas más. Si se sabe cómo hacerlo, es muy sencillo obtener nuevos ejemplares a partir de semillas (pág. 14).
➤ Muchas plantas de jardín se multiplican muy fácilmente mediante esquejes (págs. 18-21).

➤ Si las matas de su jardín se han hecho demasiado grandes, divídalas para obtener dos plantas a partir de una (pág. 22).
➤ ¿Le haría ilusión regalar plantas de interior como las suyas? A partir de sus hojas o brotes puede obtener nuevas plantas (págs. 24-27).
➤ La multiplicación de las plantas de bulbo es casi un juego de niños: basta con plantar por separado los bulbos nuevos (pág. 28).

Tipos de multiplicación

Las plantas pueden reproducirse de dos modos:
➤ Por reproducción sexual mediante semillas (germinativa). Los individuos de la segunda generación son muy parecidos a los de la primera, pero pueden presentar algunos caracteres diferentes.
➤ Por multiplicación asexual (vegetativa). Los descendientes son exactamente iguales a la planta madre.

Test de idoneidad

Para asegurarse de que las plantas que va a obtener sean de la máxima calidad es necesario que empiece por seleccionar las plantas madres basándose en estos criterios:

Floración: Reproduzca solamente aquellas plantas que ya desde los primeros años produzcan una floración hermosa y abundante.

Frutos: Las plantas que fructifican pronto y producen frutos de elevada calidad también

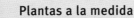

>>rápido
y fácil

SUGERENCIA

Plantas a la medida

➤ Dado que actualmente los terrenos son cada vez más reducidos, en los jardines se tiende a plantar plantas de crecimiento lento y que no necesiten mucho espacio.

➤ Si usted quiere multiplicar sus propias plantas es importante que no se decida precisamente por las de mayor porte.

➤ Elija especies pequeñas y de crecimiento lento, pero seleccionando ejemplares sanos y fuertes que le garanticen una buena descendencia.

transmiten estas características a su descendencia.

Estado de salud

Los padres sanos tienen hijos sanos. En la multiplicación a partir de fragmentos de plantas (pág. 18 y siguientes) hay que tener esto muy en cuenta: Solamente las partes sanas serán capaces de producir raíces. Los fragmentos de plantas enfermas no suelen arraigar.

➤ **Libres de parásitos:** Emplee solamente aquellas partes de la planta que estén libres de parásitos. Los brotes infestados por pulgones suelen estar debilitados y son propensos a las enfermedades.

➤ **Brotes sin flores:** Para la multiplicación vegetativa hay que emplear únicamente brotes que no tengan flores, pues los que las tengan invertirán todas sus energías en la formación de yemas y es probable que no sean capaces de producir raíces.

Garantía de germinación

➤ Las semillas solamente son capaces de germinar durante un tiempo limitado, por lo que deberá prestar mucha atención a la fecha de caducidad que se indica en el envase. Lo mejor es que las siembre lo antes posible.

➤ *La mayoría de plantas de hojas ornamentales se multiplican a base de esquejes de sus brotes.*

➤ En invierno es conveniente guardar las semillas en la nevera en cajas de plástico opacas y herméticas, o en frascos de vidrio que cierren muy bien. Así no se secarán ni se enmohecerán. La oscuridad y el frío harán que se mantengan en un estado de letargo, pero de todos modos es conveniente revisarlas de vez en cuando y eliminar las que se hayan podido estropear.

➤ Clasifique las semillas en bolsitas separadas y escriba en cada una la especie a la que pertenece su contenido. Puede guardar todas las bolsitas en un mismo envase. ■

INFORMACIÓN PRÁCTICA

Conceptos importantes

✗ **Cepellón:** Conjunto de raíces y la tierra que queda unida a ellas (por ejemplo en una maceta).

✗ **Nudos:** Puntos de inserción de las hojas con el tallo.

✗ **Plántula:** Plantita producida a partir de una semilla.

✗ **Yemas (durmientes):** Puntos de los tallos y vástagos en los que aparecerán hojas, brotes o flores.

✗ **Esqueje:** Fragmento de planta (tallo, brote, hoja) capaz de producir raíces.

El equipo básico

Para lograr que nuestra guardería de plantas recién nacidas prospere correctamente, es necesario empezar por trabajar con las herramientas y materiales adecuados.

Cada herramienta y cada material tiene sus pros y sus contras. Para conseguir todos sus propósitos necesitará elegir los que mejor se adapten a sus necesidades y adquirirlos a tiempo.

Recipientes

Tanto si piensa sembrar semillas como si se propone obtener nuevas plantas a partir de esquejes, lo primero que necesitará son cubetas o macetas en las que las nuevas plantas puedan crecer protegidas.

Semilleros y cubetas de plástico: Tienen la ventaja de que en ellas la tierra se mantiene húmeda durante más tiempo. Así las plantas jóvenes pueden crecer con regularidad. Los agujeros de la base permiten drenar el exceso de agua y evitan que quede retenida y perjudique a las plantas. Estas cubetas suelen medir 35 × 22 cm y van provistas de una cubierta transparente que las convierte en invernaderos en miniatura. Son ideales para sembrar semillas y para el desarrollo de plantas muy pequeñas que aún no han producido raíces y a las que hay que cuidar para evitar que se deshidraten. Inconveniente: Normalmente sólo se venden en color blanco o negro, por lo que su efecto no es muy decorativo.

Macetas de arcilla: Ventaja: Los recipientes de terracota suelen ser muy decorativos. Inconveniente: El agua se evapora a través de las paredes y hace que la tierra se seque con rapidez. Y a veces basta un corto periodo de sequedad para que se interrumpa el crecimiento de la planta. Por tanto, solamente son adecuadas para plantas algo crecidas y que hayan alcanzado un cierto grado de robustez.

Macetas de turba o de fibra de coco: Tienen el aspecto de pequeñas macetas de barro, pero en realidad son de turba comprimida o de fibra de coco, y tienen la ventaja de que cuando las plantitas vayan creciendo en ellas no hará falta trasplantarlas. Podemos trasladarlas a una maceta más grande sin necesidad de sacarlas de la maceta de fibras vegetales. La turba y la fibra de coco se descomponen en cuestión de pocas semanas. Desventaja: Las paredes de estos recipientes son muy permeables y se secan rápidamente, por lo que hay que humedecerlas a diario.

Espuma sintética y lana mineral: Los que tengan ganas de experimentar pueden hacer como los jardineros profesionales y cultivar las semillas y plántulas en espuma sintética o lana mineral. Ambos productos son completamente estériles y retienen muy bien el agua. Además, están bien ven-

Si emplea macetas de barro para sus esquejes de geranios deberá regarlos con frecuencia.

Para ahorrar

Para cultivar las plantas jóvenes puede emplear perfectamente cajas de huevos, envases de yogures y de bebidas, latas de aceite de cocina y otros muchos recipientes.

>>rápido
y fácil

Macetas de reciclaje

➤ En casa es fácil encontrar unas macetas estupendas y totalmente gratuitas:

➤ **Cartones de huevos:** Para que no se rompan por la base al humedecerse se colocan encima de una bandeja de plástico.

➤ **Bandejas para frutas:** Los agujeros inferiores hacen que sean ideales para cultivar plantas que arraiguen en profundidad.

➤ **Envases de yogur:** Si se hacen unos agujeros en su base, cada envase puede albergar a una plantita. El plástico del que están hechos también puede servir para recortar etiquetas resistentes a la intemperie.

tilados y permiten una buena oxigenación de las raíces.

Elegir una buena tierra

➤ Los mejores sustratos para nuestro parvulario de plantas son las tierras de siembra enriquecidas con harina de algas marinas y con poco abono.

➤ No emplee tierra normal de jardín, porque contiene semillas de malas hierbas que pueden contaminar su cultivo. También es demasiado pesada, por lo que las raíces no recibirían la oxigenación que necesitan.

➤ No es conveniente emplear tierra de flores ya usada, pues puede contener gérmenes patógenos o parásitos y suele tener ya pocos nutrientes.

Una cuchilla afilada

Para cortar trozos de tallos, brotes y rizomas y emplearlos para esquejes es necesario disponer de un cuchillo afilado o de una buena tijera. Las cuchillas romas o mal afiladas aplastan los tejidos y los fragmentos de planta se desarrollan peor que si tuviesen un corte limpio y de fácil curación. ■

INFORMACIÓN PRÁCTICA

Éstas son las herramientas que va a necesitar

✗ **Varilla para plantar:** Una varilla de madera o plástico, de unos 12 cm de longitud y con la punta cónica para hacer los hoyos en los que plantará los esquejes o las semillas.

✗ **Pulverizador:** En vez de regar con el chorro de la regadera o de la manguera, pulverice agua con un pulverizador hasta que la tierra esté bien húmeda.

✗ **Tablilla:** Una pequeña tablilla de madera siempre es de gran utilidad para apisonar suavemente la tierra después de llenar los recipientes.

El momento preciso

Generalmente, el éxito o el fracaso dependen del momento en que se hagan las cosas. La siembra solamente tendrá éxito si no la lleva a cabo ni demasiado pronto ni demasiado tarde.

Aunque a principios de año ya esté deseando empezar a sembrar las hortalizas y las flores de verano, tenga un poco de paciencia: Los días todavía son demasiado cortos y las nuevas plantas necesitan poder crecer en unas condiciones ideales.

> En cada maceta hay que colocar una etiqueta en la que se indique la especie y la variedad así como la fecha en que se ha efectuado la siembra.

Luz

En Europa los días de invierno son cortos y oscuros, y el cielo suele estar nublado con frecuencia.

➤ Por tanto, las plantas que empiecen a crecer a mediados de invierno o finales de invierno sufrirán por falta de luz. Los brotes que crecerán serán largos y delgados, y las hojas, pálidas. Serán plantas débiles y habrá que cortar los tallos blandos, por lo que la siembra temprana no saldrá a cuenta.

➤ Se puede recurrir al empleo de lámparas especiales (de venta en las tiendas especializadas) cuya luz favorece especialmente la fotosíntesis de las plantas. Hay que colocarlas lo más cerca posible de las plantitas que estén empezando a desarrollarse.

A las raíces les gusta el calor

Las plantas jóvenes dependen del calor, especialmente sus raíces. Una base fría combinada con tierra húmeda hará que se pudran rápidamente.

➤ Por tanto, espere a principios de primavera o mediados de primavera antes de empezar a sembrar. Si las plantas se pudren o se estropean habrá perdido el tiempo inútilmente y habrá trabajado para nada. Sin embargo, si efectúa la siembra cuando se den las condiciones idóneas los resultados no se harán esperar.

➤ Si va a sembrar plantas tropicales de germinación lenta, emplee esterillas calefactoras (de venta en los garden centers) para proporcionarles la temperatura que necesitan. Son eléctricas y proporcionan un calor constante día y noche.

> *Cuando llega la primavera y los días son más largos y cálidos ya se puede empezar a sembrar las semillas en cubetas o macetas múltiples con tierra nueva para siembra.*

➤ Los semilleros con hortalizas y flores de verano robustas puede colocarlos en la repisa de una ventana sobre un radiador. El aire caliente ascendente calentará la tierra, y no hay peligro de que se seque el cultivo porque este éstará tapado y se regará con frecuencia.

➤ «Endurezca» la siembra que tenga dentro de casa. Los días templados en los que el termómetro suba de los 15° saque los semilleros al aire libre y colóquelos en un lugar con algo de sombra. Vuelva a entrarlos por la tarde antes de que empiece a hacer demasiado frío.

Sembrar directamente en el exterior

➤ Con muchas especies de hortalizas y flores de verano no vale la pena iniciar el cultivo dentro de casa. Las plantas crecerán con la misma rapidez si las sembramos directamente en el exterior. En algunos casos, como por ejemplo con los calabacines, el cultivo de interior incluso puede resultar perjudicial porque las plantas jóvenes crecen débiles y son propensas a contraer enfermedades. Los girasoles y las capuchinas también pueden sembrarse tranquilamente al aire libre, y crecerán rápidamente.

➤ Si desea actuar con la máxima precaución, no siembre en el exterior antes de mediados de primavera. Pero en muchas regiones puede hacerlo antes porque a partir de mediados de primavera ya no hay riesgo de heladas. ■

RECUERDE

¿Cuándo se debe empezar el precultivo dentro de casa?

✔ **Mediados de invierno:** gazania, geranio, begonia tuberosa, cardo corredor, petunia; coliflor, brócoli, rábano

✔ **Finales de invierno:** verbena, alegrías de la casa, caléndula, tabaco ornamental; colirrábano, zanahoria, rábano silvestre

✔ **Principios de primavera:** canastillo, arañuela de Damasco, salvia, zinnia; pimiento, lechuga, apio, tomate, cebolla

✔ **Mediados/finales de primavera:** adelfa y otras plantas de jardinera de regiones cálidas; judías, escarola, pepino, col

✔ **Principios/finales de verano:** flores de verano bienales (pág. 10); canónigos

Preparación de las semillas

En la naturaleza, las semillas germinan cuando se dan las condiciones apropiadas para ello. Para que su siembra salga adelante en el momento adecuado puede recurrir a un par de trucos muy sencillos.

En el exterior, cuando las semillas caen al suelo se ven sometidas a la acción de bacterias, hongos y pequeños animales que actúan sobre su cobertura externa y con ello facilitan su germinación. Pero al sembrarlas dentro de casa lo hacemos en condiciones prácticamente estériles, por lo que no estará de más ayudar un poco a las semillas para que la nueva plántula pueda empezar su vida sin necesidad de tantos esfuerzos.

Agrietar

➤ Las semillas grandes y con una cáscara dura, como por ejemplo las nueces, que pueden sujetarse entre las puntas de los dedos, son fáciles de agrietar introduciendo un poco una lima. No hay que partir por completo la cáscara, sino que basta con limar un poco alguna zona para que al germinar se abra con más facilidad.

➤ Las semillas que no se puedan sujetar con los dedos se colocan sobre papel de lija fino y se frotan con movimientos circulares para debilitar sus cáscaras.

En remojo

La mayoría de las plantas proporcionan a su descendencia una «bolsa de provisiones» en forma de almidón para que se nutran durante las primeras fases de su existencia. Este almidón se encuentra en la semilla, pero no todas disponen también de la suficiente reserva de agua. En estos casos, el tejido de reserva es una especie de masa seca que necesita hidratarse antes de poder ser aprovechada durante la germinación. Entre estas semillas se cuentan todas aquellas en las que el fruto no es carnoso y que se encuentran alojadas en cápsulas o vainas secas, como por ejemplo los lirios ornamentales, la arañuela de Damasco o los ciclamen.

➤ Antes de sembrar, deje las semillas en remojo durante 12-18 horas en agua tibia (18-22°C). Puede ser muy útil emplear un termo viejo, por-

> *Las semillas germinan mucho mejor si antes de sembrarlas se las deja en remojo en agua tibia. Los termos mantienen bien el calor.*

Para estratificarlas, se colocan las semillas por capas en arena húmeda y se las deja reposar durante el invierno.

➤ Para acelerar la germinación se las puede colocar en la nevera para que vivan un corto pero intenso «invierno».

➤ Otra alternativa consiste en colocarlas en pequeñas macetas con arena húmeda distribuyéndolas en capas horizontales. Es lo que se llama «estratificar». Se les hace pasar el invierno en cajones o en un invernadero sin calefacción en el que estén protegidas de los animales y se las siembra al llegar la primavera. ■

que así la temperatura se mantendrá constante durante muchas horas.

➤ No deje las semillas en remojo durante días creyendo que «cuanto más, mejor». El máximo son 24 horas. De lo contrario correrá el riesgo de que la falta de oxígeno en el agua haga que las semillas empiecen a estropearse y ya no sean capaces de germinar.

➤ Siémbrelas inmediatamente después de sacarlas del agua. A continuación deberán seguir estando húmedas y no deben volver a secarse.

Limpiar y separar

Por regla general no pasa nada si la simiente está mezclada con algunos restos de hojas, fibras o trozos de pulpa del fruto. Pero es mejor eliminar los restos más grandes para evitar que se pudran al efectuar la siembra y dañen a las plantas.

A las semillas provistas de «alas» o vilanos para la propagación anemófila hay que eliminarles cuidadosamente estos apéndices. Dificultan mucho la siembra porque se enredan entre sí y no es posible colocar las semillas a una distancia uniforme.

Invierno artificial

Las plantas originarias de regiones en las que los inviernos son largos y crudos programan sus semillas para que germinen después del invierno, aunque caigan al suelo en otoño. Esta precaución de la naturaleza puede ser un obstáculo para su cultivo, porque significa que muchas semillas necesitarán uno o varios periodos de reposo invernal antes de llegar a germinar.

Test de germinación

Así puede comprobar si sus semillas de hortalizas y flores de verano del año pasado siguen siendo capaces de germinar:

✗ Coloque un paño limpio o un trozo de papel secante en una cubeta de plástico o en una cápsula de Petri (las venden en las farmacias) con cubierta. Humedézcalo bien, esparza las semillas por encima y tape el recipiente. ¡No emplee tierra!

✗ Si, manteniendo una humedad constante, al cabo de 10 días el 50 % de las semillas ya han empezado a germinar, es señal de que la simiente todavía se conserva en condiciones.

✗ Si la germinación es inferior al 30 % será mejor que consiga semillas nuevas.

La siembra paso a paso

Si tiene un poco de habilidad y sigue los pasos adecuados, la siembra se convierte en un juego de niños.

Empiece por preparar todo aquello que pueda necesitar:

➤ Las semillas deberán estar en buenas condiciones para germinar, limpias y previamente tratadas si lo necesitan.

➤ La tierra es imprescindible que sea nueva y apropiada para la siembra (págs. 8/9).

➤ Lave bien los recipientes y cubiertas que vaya a emplear para que no queden restos de tierra del año pasado.

Llenar de tierra

➤ Lo primero que hay que hacer es poner tierra en las cubetas o macetas que se vayan a emplear. La tierra que viene en sacos de 50 o de 80 kilos suele estar muy comprimida y apelmazada, por lo que habrá que aflojarla antes de su empleo. Lo ideal es pasarla por un tamiz para que se distribuya muy uniformemente y sin grumos.

➤ Apisone suavemente la tierra con la mano o con una tabla para evitar que queden cámaras de aire demasiado grandes en las que las raíces no podrían sujetarse.

➤ Deje un margen superior de 1-2 cm para que la maceta no se desborde al regar.

➤ Es importante que la superficie de la tierra sea lo más plana posible para que al regar el agua se distribuya uniformemente. De lo contrario habría zonas secas y zonas demasiado húmedas, con lo que la germinación sería muy irregular.

La siembra

➤ Coloque o esparza las semillas sobre la tierra de modo uniforme.

➤ Es igual la posición en la que estén las semillas. Al germinar, la planta ya se pondrá en la posición correcta por sí sola.

➤ Riegue la superficie con precaución. Puede estimular

1 Sacudir

Esparza las semillas sacudiendo uniformemente la bolsita en la que vienen. No efectúe una siembra demasiado densa porque las plantas se obstaculizarían al crecer.

2 Tamizar

Para cubrir las semillas basta con una fina capa de tierra. Empleando un tamiz se puede distribuir la tierra de manera suave y uniforme.

3 Humedecer

El chorro de agua de la regadera levantaría las semillas y estropearía la siembra. Es mejor mojar la tierra con un pulverizador de agua.

> Los nutrientes para plantas las mantienen sanas y fuertes.

la germinación añadiendo al agua un extracto de algas marrones.

Siembra al aire libre
Lo más importante en la siembra es la preparación del suelo. Empiece a hacerlo en primavera, cuando la tierra está ligeramente húmeda pero no mojada ni reseca.

➤ Hay que mullir y desapelmazar la tierra con una laya o un rastrillo, y partir incluso los grumos más pequeños.

➤ Alise la tierra con el rastrillo y trace las hileras para la siembra. Ésta se efectúa del mismo modo que en las macetas o semilleros.

Germinación a oscuras y con luz
La mayoría de las plantas son independientes de la luz: germinan tanto si están iluminadas como si no.

➤ Pero existen algunas que

solamente germinan si están en la oscuridad. Por tanto, habrá que cubrir las semillas con tierra. Como norma, hay que cubrir las semillas con una capa de tierra cuyo grosor sea igual al tamaño de la semilla. Las semillas pequeñas se cubrirán con una finísima capa de tierra. Entre las plantas cuyas semillas germinan en la oscuridad podemos citar a las petunias, las violetas y la nomeolvides.

➤ Son pocas las plantas que necesitan luz para germinar, y éste es el caso de las alegrías de la casa gazania, cardo corredor y algunas otras. Sus semillas no hay que cubrirlas con tierra, sino simplemente esparcirlas sobre la superficie.

Cobertura
Durante la germinación, las plantas necesitan que tanto la humedad como la temperatura del aire y del suelo se mantengan lo más uniformes posible. Para conseguir un microclima adecuado, lo mejor es colocar una cubierta directamente encima de los recipientes en los que se haya efectuado la siembra:

➤ Los semilleros suelen venderse con su correspondiente tapa. Ésta encaja perfectamente y cierra muy bien. En la

parte superior tiene unas ranuras de ventilación que deberán abrirse en cuanto las plantitas desplieguen sus primeras hojas.

➤ Las bolsas de plástico transparente tienen sus inconvenientes. Dejan pasar poca luz y en sus pliegues se retiene mucha humedad, lo cual propicia la aparición de algas.

➤ Lo ideal es tapar los recipientes con cubiertas de vidrio, y se pueden emplear desde vidrios planos hasta queseras, pasando por pequeños acuarios. ■

Obtenga usted mismo nuevas

variedades

Si no se limita a dejar que las flores se polinicen al azar podrá obtener en su casa nuevas variedades, e incluso puede ponerles su nombre.

Las plantas de las que ya existen cientos de variedades son muy fáciles de cruzar entre sí, como es el caso de la pasionaria.

Busque dos plantas de la misma especie que al cruzarse entre sí puedan dar lugar a una descendencia con interesantes características, como por ejemplo flores con un nuevo color. Cuando sus flores se abran, cúbralas cuidadosamente con bolsas de plástico para evitar una polinización accidental. A las flores de las que desee obtener el polen, córteles los estambres en cuanto éstos empiecen a liberar el polen. Esto se reconoce porque se ve el polen en forma de un fino polvillo.

Para proceder a la fecundación deberá espolvorear este polen sobre el pistilo de la flor de la otra planta. A las flores fecundadas hay que volver a cubrirlas con las bolsas de plástico para evitar que les llegue polen de otras plantas. Si ha habido suerte, las flores fecundadas producirán semillas. Siembre las semillas maduras y observe el desarrollo de las nuevas plantitas. El esfuerzo vale la pena: ¡naturalmente, si obtiene una nueva variedad también tiene derecho a ponerle el nombre que más le guste!

INFORMACIÓN PRÁCTICA

Cultivar paso a paso

🕐 **Tiempo necesario:** unos 30 minutos

Material:

✗ Dos plantas de la misma especie con las características que le interesen

✗ Bolsitas de plástico transparente y a prueba de agua

✗ Rotuladores indelebles para marcar

Herramientas:

✗ Pinza

✗ El mejor momento para polinizar es por la mañana, entre las 10 y las 11 horas, que es cuando las flores están más abiertas. Muchas se marchitan antes de que llegue la noche.

✗ Las partes de la flor, como por ejemplo los estambres de la flor masculina, solamente hay que tocarlos con la pinza porque se estropean fácilmente y pueden infectarse con gérmenes patógenos.

✗ Las semillas que se obtengan habrá que guardarlas en bolsitas de plástico y anotar en ella las características de las plantas progenitoras. Es muy importante hacerlo, porque así al cabo de un par de años podrá saber cómo eran las plantas a partir de las cuales obtuvo esa nueva variedad.

Recolecta del polen

Corte de uno en uno los estambres cargados de polen de una flor masculina completamente abierta. Además de la pasionaria, también es fácil polinizar los lirios y los hihastacus.

1

Polinización

2

Sujete el estambre cuidadosamente con una pinza y espolvoree el pistilo de la flor femenina elegida.

Cubrir

3

Para que la fecundación no se vea alterada por una polinización accidental, es conveniente cubrir la flor con una bolsa de plástico transparente.

Cómo tener éxito con los esquejes

Es muy sencillo obtener nuevas plantas a partir de tallos y brotes de árboles y arbustos, de matas y de plantas de jardinera o de interior.

Las partes aéreas de la planta capaces de producir raíces a partir de los nudos o del plano de corte (pág. 9) reciben el nombre de esquejes. De ellos

> Emplee un cuchillo bien afilado para cortar los brotes de la adelfa.

se obtienen plantas que son copias idénticas a la planta madre. La mejor época para multiplicar las plantas a partir de esquejes es el verano. Así las nuevas plantas tienen

tiempo de crecer y hacerse lo suficientemente fuertes como para soportar los rigores del invierno.

Cortar esquejes

➤ Los esquejes que mejor se desarrollan son los de los brotes de la planta madre, dado que la naturaleza ya los ha programado para crecer y desarrollarse. Se denominan esquejes terminales.

➤ En muchas plantas también se pueden emplear partes intermedias de los vástagos. Se denominan esquejes de tallo.

➤ Lo habitual es cortar los esquejes con una longitud de unos 12-15 cm. En las plantas de hoja muy pequeña, como el boj, la lavanda o la margarita, cuyas hojas están muy próximas entre sí, también se pueden emplear trozos más pequeños. En las especies de hojas grandes, como los rododendros, el laurel o la trompeta de los ángeles, es mejor que los esquejes sean más grandes.

➤ Para que el esqueje tenga suficientes nudos y células capaces de dividirse es nece-

sario que tenga de dos a cuatro hojas sanas y jóvenes en su extremo superior y cuatro o seis hojas más abajo.

➤ Estas hojas inferiores habrá que cortarlas, incluido el peciolo, para que los nudos queden libres.

➤ Finalmente se corta el extremo inferior del esqueje: efectúe el corte unos 5 mm por debajo del último nudo.

➤ En los esquejes intermedios se corta el vástago a unos

SUGERENCIA

Cómo mantenerlos frescos

➤ En cuanto se los ha cortado, los esquejes tardan muy poco en marchitarse.

➤ Para evitar que se deshidraten antes de plantarlos se los puede envolver en papel de periódico mojado o se les pulveriza agua encima cada diez minutos.

➤ También puede colocar los esquejes en un frasco con agua o en un florero.

1 Cortar

En los esquejes de plantas de hoja ancha, corte por la mitad las hojas que queden.

2 Plantar

Los esquejes se colocan en los hoyos previamente realizados con la varilla de plantar.

3 Cubrir

Cubra los esquejes recién plantados con una cubierta transparente.

3-5 mm por encima de la última hoja.

Prepare los recipientes

➤ Llene las macetas con tierra especial para el desarrollo de plantas jóvenes, y emplee una para cada esqueje. También son muy prácticas las macetas múltiples en placas de plástico. Los semilleros no van bien porque suelen ser demasiado planos.

➤ Apisone cuidadosamente la tierra con los dedos para evitar que queden espacios huecos.

➤ Empleando la varilla de plantar o un simple palito de madera, haga un hoyo vertical en el centro de cada maceta.

Plante los esquejes

➤ El extremo inferior del esqueje se introduce en el hoyo hasta que por lo menos dos nudos queden bajo tierra, aunque es mejor que sean tres o cuatro. Lo ideal sería introducir medio esqueje en la tierra y dejar que sobresaliese la otra mitad. Aunque también va bien introducir un tercio en el suelo y dejar que sobresalgan los otros dos. ¡Pero no al revés!

➤ Para que el esqueje se sostenga y esté bien en contacto con el sustrato es conveniente apisonar la tierra alrededor de él con las puntas de los dedos. Tenga cuidado de no aplastar los tejidos de la planta.

Cuidados necesarios

➤ Al igual que al sembrar semillas (pág. 14), conviene emplear una cubierta de plástico o de vidrio para mantener el microclima.

➤ Coloque los esquejes en un lugar bien iluminado pero que no esté expuesto al sol directo.

➤ La temperatura del suelo deberá ser de 18-22 °C. ∎

Esquejes de vástago y de raíz

Las plantas leñosas, como los frutales y los arbustos con flores, se multiplican mediante esquejes de vástagos: estos fragmentos sin hojas brotarán perfectamente al llegar la primavera.

Mediante este tipo de esquejes, no sólo se pueden multiplicar algunos arbustos florales tan apreciados como la forsitia, el cornejo y similares, sino también frambuesos, higueras y otros frutales que no sólo se obtienen mediante injertos (pág. 32). Ventaja de este método de multiplicación: se tarda poco en obtener plantas jóvenes sanas y robustas.

Cómo cortar los esquejes de vástagos

➤ Los esquejes se cortan en otoño, poco después de la caída de la hoja.

➤ Busque vástagos bien lignificados, sin ramificaciones y con un diámetro de 5-8 mm que hayan crecido en ese año, pues éstos arraigan mejor que los de más edad.

➤ Corte los vástagos a trozos de 25-30 cm de longitud.

➤ Corte el extremo superior transversalmente y el inferior oblicuo. Así siempre sabrá cuál es el extremo que deberá apuntar hacia arriba. El corte inferior oblicuo tendrá una mayor superficie y así se producirán más raíces.

Conservación durante el invierno

➤ En las regiones de clima suave se pueden guardar los esquejes en el exterior. Para ello se cava un hoyo, se llena de arena, se colocan los esquejes y se cubren con arena. También es conveniente colocar una cobertura adicional a base de ramas de conífera para evitar que los esquejes se sequen o que broten antes de hora a causa del sol invernal.

➤ En las regiones de clima frío es mejor que los esquejes pasen el invierno en un invernadero o en el sótano de la casa.

Los esquejes leñosos se almacenan durante el invierno en arena húmeda y se guardan en un sótano fresco.

> *Los fragmentos de raíces de matas y hierbas tales como el bambú vuelven a brotar de nuevo.*

➤ Para ello se los distribuye por capas en cajones con arena y se les mantiene siempre ligeramente húmedos. Compruebe de vez en cuando que la arena siga estando húmeda.

Cómo plantar los esquejes de vástago

➤ A partir de principios de primavera se sacan los esquejes del lugar en el que estaban guardados y se les prepara un lugar sombreado y húmedo con el suelo mullido y rico en humus. Los suelos limosos y pesados se pueden mejorar añadiendo arena gruesa, mientras que a los suelos arenosos y ligeros es conveniente añadirles humus.

➤ Clave la laya en el suelo y mueva el mango varias veces en uno y otro sentido hasta abrir una pequeña zanja. Haga varias filas con una separación de 40 a 50 cm.

➤ Coloque los esquejes en las zanjas con su extremo plano hacia arriba y manteniendo entre ellos una separación de 30 cm. Dos tercios de su longitud deberán quedar bajo tierra, aflorando solamente el tercio restante.

➤ Apisone la tierra con cuidado y riegue en abundancia con la manguera.

➤ En verano habrá que cortar la punta superior de la nueva planta para conseguir que ésta se ramifique bien desde el principio.

Esquejes de raíz

Este método se emplea con especies que generan estolones de los que surgen nuevas plantas hijas. Entre éstas se encuentran plantas leñosas tales como las Aralia, zumaque, y lilas así como también matas como las anémonas de otoño, los geranios, etc.

➤ Para obtener los esquejes de raíz se levanta en principios de primavera o mediados de primavera una parte de las raíces o se extrae por completo una parte de la mata.

➤ Separe algunas raíces sanas y córtelas a trozos de unos 5-7 cm de longitud. Cada trozo deberá tener por lo menos dos yemas sanas. También aquí habrá que cortar la parte superior transversalmente y la inferior oblicua.

➤ Los esquejes de raíces gruesas y robustas se plantan verticalmente en macetas con tierra y de forma que su parte superior plana quede a ras de suelo. Las raíces más finas se colocan horizontalmente en cubetas o semilleros. ■

RECUERDE

Comprobación de los esquejes

Cuando acabe el invierno, compruebe si los esquejes que había guardado siguen estando frescos y en condiciones:

✔ La corteza deberá estar firme y sin arrugas.

✔ La corteza no deberá desprenderse si se la frota con los dedos.

✔ Al apretar los esquejes con los dedos debería surgir algo de líquido.

✔ Los esquejes deberán ser de color marrón claro o verde, pero no negros. Si tienen manchas es señal de que están infestados por hongos.

División: plantas nuevas a partir de las viejas

Dividir las plantas tiene dos grandes ventajas: se obtienen plantas nuevas y se rejuvenecen las matas y hierbas viejas. En principio pueden dividirse todas aquellas plantas que no sean leñosas. Lo ideal son las plantas que forman matas, los lirios, las hierbas y similares. Al dividirlas no sólo se obtienen muchas plantas nuevas idénticas a la planta madre, sino que también se rejuvenecen las plantas viejas y se les conserva la vitalidad: a la mayoría de las matas les va muy bien que al cabo de unos años las desenterremos, les corte-

> Las matas grandes, como la alquimila, se parten bien con una laya.

mos las partes viejas y volvamos a plantar las partes jóvenes. Así siempre florecerán con todo su esplendor.

Cómo dividirlas correctamente

➤ El mejor momento para hacerlo es en primavera, de principios a finales de primavera, que es cuando las plantas están brotando. Pero muchas plantas también se pueden dividir bien durante el verano, o el otoño, después de su floración.

➤ Cave las matas grandes, o sáquelas de la maceta, y pártalas por la mitad.

➤ Si le es posible, separe las raíces cuidadosamente con los dedos. Pero esto no siempre es fácil de hacer porque suelen estar muy apelmazadas.

➤ A continuación, corte la mata con una sierra o con un cuchillo muy afilado. Procure estropear el menor número de hojas posible. También puede emplear una laya, pero solamente con especies muy robustas, pues siempre se corre el riesgo de destrozar la planta.

➤ A continuación, y en función del tamaño de los rizomas, puede cortarlos a cuartos o a octavos. Pero cuide de que no queden trozos demasiado pequeños porque no podrían sobrevivir.

Preparación de las partes

➤ Limpie cada una de las partes en que haya dividido la

planta y elimine las hojas viejas o deterioradas.

➤ Corte las raíces rotas. Las heridas lisas y limpias sanan mejor que las roturas o los extremos aplastados. Recorte también aquellas raíces que sean demasiado largas y que se podrían romper al plantar la planta. Los restos que obtenga puede emplearlos como esquejes de raíz (pág. 21). Esto puede hacerse fácilmente con los bambúes y las violetas.

➤ Elimine las flores o capullos porque consumirían unas energías que ahora la planta necesita para regenerarse (pág. 7).

Cómo plantar de nuevo

➤ Ahora hay que plantar los trozos jóvenes y sanos de la planta para que den lugar a plantas nuevas y vigorosas. Para ello, colóquelos de nuevo en su arriate de origen y en el que previamente habrá mullido el suelo. Si lo desea, también puede plantarlos en macetas y enriquecer así la decoración de la terraza o del porche.

➤ No plante las nuevas plantas a demasiada profundidad. Los tallos deberán quedar a ras de suelo. Si están enterrados no tardarán en pudrirse. Pero si la planta está en una posición demasiado superfi-

Divida periódicamente sus matas e intercambie las plantas hijas con vecinos y amigos.

cial, las raíces saldrán al exterior, se secarán y ya no podrán suministrar nutrientes.

➤ Dado que a la nueva planta le habremos recortado mucho las raíces, éstas raramente podrán ejercer su función de sostén. En muchos casos, para que la planta se mantenga estable es conveniente sujetarla a un tutor. De lo contrario, cuando el viento sople con fuerza podría llegar a arrancar las plantas nuevas.

➤ Riegue abundantemente las plantas recién plantadas hasta que el suelo quede embebido en agua. Los suelos secos impiden el desarrollo de las raíces y la planta acaba muriendo.

➤ Los trozos con pocas raíces es mejor plantarlos en macetas y cultivarlos como esquejes (pág. 18).

Así estarán más protegidos y podrán generar mejor sus nuevas raíces. Podrán ser trasplantados al jardín cuando la temporada esté más avanzada, o al año siguiente. ■

Así se curan antes los cortes

✗ Para secar y desinfectar los cortes, espolvoréelos con carbón vegetal en polvo.

✗ Los cortes grandes hay que lavarlos bien y luego dejar que se sequen durante algunas horas a la sombra. Así la herida genera una película protectora.

✗ Si coloca un poco de gravilla en los hoyos en los que va a plantar las plantas, el agua drenará mejor y las raíces no se pudrirán.

Descendencia a partir de hojas y tallos

Para obtener buenos esquejes de las plantas de interior solamente necesitamos hojas sueltas, trozos de hojas o pequeños trozos de tallo.

Este tipo de multiplicación es especialmente útil porque a partir de una única planta se pueden obtener centenares de esquejes que luego, al reproducirse por vía vegetativa, da-

Para obtener acodos con musgo se humedece el sustrato y se cierra bien la bolsa.

rán lugar a plantas que también serán copias idénticas de la planta madre. La mejor época para aplicar este método es de finales de primavera a finales de verano. Pero si se

añade calor y luz artificial es posible prolongar bastante este periodo.

Esquejes de peciolo

En las saint paulias, para obtener nuevas plantas basta con una hoja y su peciolo.

➤ Arranque cuidadosamente las hojas con su peciolo.

➤ Prepare macetas con tierra de cultivo y plante las hojas de modo que el peciolo quede enterrado y la base de la hoja se sitúe a ras de suelo.

➤ Si la tierra se mantiene siempre ligeramente húmeda, las nuevas plantas brotarán en cuestión de cuatro a seis semanas.

Esquejes de hoja

➤ Arránquele a una begonia algunas hojas sanas y haga algunos cortes en las nervaduras de su cara inferior. Efectúe los cortes perpendicularmente a los nervios y con una longitud de 1-2 cm.

➤ Llene algunos semilleros con tierra para cultivo y coloque las hojas de modo que su parte inferior esté en contac-

to con el sustrato. Para asegurarlas en esta posición puede colocarles encima algunas piedrecitas o sujetarlas con ganchos de alambre.

➤ Pulverice agua con frecuencia para regar las hojas y mantener la tierra húmeda. Así pronto aparecerán raíces en los cortes y empezarán a brotar pequeñas hojitas.

➤ Cuando las plantitas ya sean suficientemente fuertes, extráigalas con un palito y plántelas en macetas individuales.

Esquejes de fragmentos de hoja

Una de las plantas que se pueden multiplicar fácilmente por este método es la sanseviera.

➤ Tome una de sus largas hojas y córtela transversalmente hasta obtener varios fragmentos de unos 5-10 cm de longitud.

➤ Llene una maceta con tierra para cultivo y plante estos fragmentos verticalmente y en el sentido de su crecimiento. Empezarán a brotar al cabo de pocas semanas.

1 Cortar

Corte las hojas de la primavera del Cabo en dos mitades a lo largo del nervio central. Importante: para evitar posibles infecciones, emplee un cuchillo afilado y limpio.

2 Plantar

Plante las medias hojas verticalmente en tierra fresca para cultivo y apisone ligeramente el sustrato para que se aguanten en esa posición.

3 Separar

Generalmente, al cabo de cuatro a seis semanas las plantitas ya empiezan a disputarse el espacio disponible. Sáquelas (pág. 38) y plántelas en macetas individuales.

Esquejes de tallo

¿Su yuca ha crecido tanto que ya toca el techo de la habitación? ¡Pues corte el tallo por donde mejor le parezca! La planta volverá a brotar aunque ya no tenga ni una sola hoja. De todos modos, pueden pasar semanas o incluso meses antes de que los tallos empiecen a producir nuevos brotes laterales.

➤ El trozo de tallo cortado puede volver a cortarlo en secciones de 20-30 cm de longitud y plantarlas verticalmente hasta la mitad en macetas con tierra. Cuide de que su extremo superior apunte hacia arriba, porque si planta los trozos de tallo del revés no generarán raíces. Los tallos de diefenbaquia se pueden colocar horizontalmente sobre la tierra y hundirlos en el sustrato hasta la mitad de su grosor.

Acodadura

La siguiente técnica suele emplearse para multiplicar las plantas de interior, pero también puede aplicarse a los árboles y arbustos ornamentales de exterior.

➤ Empleando un cuchillo muy afilado, haga varios cortes en el tallo de la planta a unos 20-40 cm por debajo de su extremo superior.

➤ Cubra las heridas con musgo húmedo o vermiculita y sujételo con una bolsa de plástico anudada por arriba y por abajo. Pulverice agua sobre el musgo para que se conserve húmedo.

➤ Al cabo de algunas semanas o meses empezarán a crecer raíces a través del musgo. Corte el tallo por debajo del punto en el que aparecen las raíces y plántelo. Normalmente, la planta madre vuelve a brotar. ■

RECUERDE

Algunas de las plantas que se pueden multiplicar con cada método

✔ **Esquejes de hoja:**
Echeveria, Crassula, Sempervivum, Aeonium.

✔ **Esquejes de trozos de hoja:** Begonias, Sansevieria, primavera del cabo, gloxinia, *Veltheimia*, plumas de Santa Teresa.

✔ **Esquejes de tallo:** Drácena, diefenbaquia, *Pachira*, yuca.

✔ **Acodadura:** *Aralia*, ficus, filodendros.

Propágulos y estolones

Los propágulos y los estolones se mantienen unidos a la planta madre, como si los conectase un cordón umbilical, hasta que son capaces de arraigar por su cuenta e independizarse.

Son técnicas que se emplean principalmente con plantas de tallos largos y flexibles, especialmente con plantas trepadoras. Pero también se

> Las clemátide pueden producir plantas hijas directamente sobre la planta madre.

pueden aplicar en arbustos de tallos y ramas flexibles, como por ejemplo el avellano y el cerezo silvestre.

Los propágulos se consiguen a partir de matas y arbustos con raíces muy extensas. El mejor momento para hacerlo es de principios a finales de primavera.

Preparación de los propágulos

➤ Elija brotes laterales fuertes y sanos que crezcan cerca de la base de la planta.

➤ Dóblelos cuidadosamente hacia el suelo, pero sin llegar a romperlos. Marque el punto de inflexión en el que el brote llega a tocar el suelo.

➤ En ese punto, corte la corteza ligeramente con un cuchillo desinfectado y bien afilado. La profundidad del corte deberá ser de un tercio del grosor del tallo, o como mucho de la mitad. En ese corte es donde luego aparecerán las raíces.

➤ Para que la herida no se cierre, coloque una piedrecita en el corte.

Formación de los propágulos

➤ En los lugares en los que los tallos tocan el suelo, cave unas pequeñas zanjas de 15 a 20 cm de profundidad.

➤ Vuelva a doblar los tallos hacia el suelo hasta que el corte entre en contacto con el sustrato.

➤ Dado que al doblar el tallo éste estará sometido a tensión, habrá que sujetarlo al suelo con ganchos de alambre.

➤ Llene las zanjas con tierra rica en compost y nutrientes y riegue en abundancia.

➤ De momento, no separe los tallos de la planta madre.

1 Cortar

Haga un corte en la zona del tallo que vaya a hundir en la tierra.

2 Sujetar

El tallo hay que sujetarlo al suelo con la ayuda de ganchos de alambre (también pueden emplearse clips sujetapapeles abiertos).

3 Atar

El tallo que empiece a crecer, átelo a un palito de madera que le haga de tutor.

Trasplante de los propágulos

Durante los siguientes meses, los propágulos recibirán agua y nutrientes de la planta madre. Cuando el propágulo empiece a brotar será señal de que ya dispone de raíces propias.

➤ Ahora es el momento de separarlo de la planta madre. El corte habrá que efectuarlo en el punto en el que el propágulo sale del suelo en dirección hacia la planta madre.

➤ Ahora que la nueva plantita ya es independiente, deberá permanecer todavía de cuatro a seis semanas más en su emplazamiento para que pueda producir abundantes raíces. Luego ya se la podrá trasplantar a su lugar definitivo, siempre que sea el momento adecuado de la primavera o del otoño.

Enraizar estolones

➤ Las plantas con tallos reptantes suelen producir raíces espontáneamente en aquellos lugares en los que éstos están en contacto con el sustrato. Si es así, bastará con cortar los estolones y plantarlos por separado.

➤ Pero también hay plantas tapizantes cuyos tallos no tocan el suelo y que tampoco producen raíces. En estos casos suele ser suficiente con eliminar las hojas de un trozo de tallo y cubrirlo con tierra arenosa enriquecida con compost. En el brezo, el tomillo y otras pequeñas plantas de crecimiento arbustivo basta con verter una mezcla de compost y arena en el centro de la planta para que ésta empiece a multiplicarse de este modo.

➤ Al cabo de un año, los propágulos ya suelen tener raíces propias y se pueden separar cuidadosamente para plantarlos individualmente. ∎

Bulbos y rizomas

Los que deseen obtener nuevos tulipanes, narcisos, lirios u otras plantas de bulbo o rizoma lo tienen muy fácil: estas plantas se multiplican prácticamente por sí solas.

Al igual que en toda familia que se precie, en las plantas de bulbo y de rizoma hablaremos de «madres» e «hijas» que cada año se generan en grandes cantidades.

El cultivo de bulbos y rizomas

➤ Después de la floración, los tulipanes y plantas similares producen unas hojas muy resistentes en las que producen azúcares y, por tanto, reservas energéticas (fotosíntesis). Pero estas hojas se marchitan durante el verano porque las reservas energéticas que han producido se acumulan en los bulbos subterráneos.

➤ Cuando las plantas ya hayan perdido sus hojas (finales de primavera-mediados de verano) se extraen del suelo los bulbos y rizomas viejos. Unidos a ellos suele haber multitud de pequeños bulbos o rizomas hijos que podremos

Algunas especies de puerros llevan su descendencia en los tallos florales.

cortar o arrancar para plantarlos luego por separado.

➤ Efecto secundario: al separar los bulbos hijos, las plantas madres florecerán mucho mejor porque las plantas hijas siempre les suponen una dura

Corte los bulbos hijos directamente de la base.

competencia en su lucha por el espacio y los nutrientes.

Plantas adventicias

Los lirios producen propágulos, pero no en el suelo sino en los tallos. Son pequeñas plantitas hijas, y bastará con desprenderlas con los dedos y plantarlas en macetas individuales. Al año siguiente ya se las puede trasplantar al jardín.

Cómo estimular la reproducción

Si la producción espontánea de bulbos hijos no le es suficiente, puede estimularla del siguiente modo:

➤ Separe las escamas individuales de los grandes bulbos de los lirios y plántelas en semilleros. En su base se producirán pequeños bulbos que luego darán lugar a plantas independientes.

➤ Para estimular los jacintos, los ciclámenes y la corona imperial a que produzcan más bulbos o rizomas hijos hay que efectuar un corte en su base. Mediante un cuchillo limpio y afilado, efectúe un corte en cruz de unos pocos milímetros de profundidad. Espolvoree el corte con carbón vegetal en polvo para desinfectarlo y vuelva a plantar el bulbo.

➤ *Si se cortan las dalias en «dedos» individuales se obtendrá una abundante descendencia.*

➤ Al año siguiente, corte las flores lo antes posible para que la planta pueda concentrar todas sus energías en la producción de nuevos bulbos o rizomas. Al cabo de otro año ya podrá desenterrarlos y desprender la descendencia.

Siembra

Sembrar plantas de bulbo es un proceso muy lento, pues tardarán de tres a cinco años en empezar a florecer. ■

INFORMACIÓN PRÁCTICA

Cómo plantar correctamente los bulbos

✗ La mayoría de las plantas de bulbo o de rizoma necesitan una tierra permeable mezclada con arena o piedras.

✗ Para que los bulbos no se pudran en suelos demasiado pesados, antes de plantarlos se coloca en el fondo del hoyo una capa de gravilla o cascajo de unos 5-10 cm de espesor.

✗ A los bulbos que puedan ser roídos o deteriorados por ratones u otros roedores es conveniente colocarlos en cestos de alambre resistente y plantarlos con éstos.

Como un juego
de niños

Las cintas (*Chlorophytum*) y especies similares son muy fáciles de reproducir porque producen unas plantas hijas (casi) listas para plantar.

En jardinería hablamos de plantas «hijas» al igual que en nuestras familias. Con ello hacemos referencia a plantitas que se desarrollan sobre estolones y que ya tienen sus propias hojas y raíces, pero que siguen unidas a la planta madre. Las cintas producen unos largos estolones y las plantas hijas están situadas en su extremo.

Si colocas pequeñas macetas alrededor de la planta madre y plantas en cada una de ellas una plantita hija, arraigarán por su cuenta. Al cabo de dos o tres semanas ya podrás cortar el «cordón umbilical» que las une a su madre.

También hay plantas «vivíparas» que generan plantas hijas sobre sus hojas. Si no se las separa, al cabo de algún tiempo caen al suelo por sí solas y arraigan en cuestión de pocos días.

Los agaves son capaces de generar hasta una docena de estolones en un solo verano. Las pequeñas rosetas de hojas suelen salir incluso por los orificios de desagüe de las macetas y te bastará con arrancarlas o cortarlas. Si se las planta en tierra para cactus arraigan con rapidez. También puedes plantarlas en una tierra para flores a la que le habrás añadido una tercera parte de gravilla o bolitas de arcilla.

Con el tiempo, las orquídeas y las bromelias también producen estolones. Separa una planta hija, plántala bien y ya tendrás un estupendo regalo para el día de la madre o para algún cumpleaños.

3 **Los regalos** hechos por uno mismo hacen mucha más ilusión que los comprados. Regálale a tus padres una planta cultivada por ti misma/o.

1 **Es muy sencillo** obtener descendencia de las cintas: coloca los estolones en macetas con tierra nueva, pero sin cortar su unión con la planta madre.

Al cabo de diez días las plantitas ya habrán arraigado y podrás separarlas de la madre con una tijera. 2

Injertos con fragmentos de tallos

Al efectuar un injerto se consigue de un modo elegante la unión de dos plantas con distintas características. Resultado: plantas robustas y de gran valor.

El injerto se realiza principalmente en las plantas que dan frutos, pero también se emplea en especies ornamentales.

Ventaja: se tarda poco tiempo en conseguir plantas sanas y de características predecibles. Los descendientes tienen los frutos de la misma calidad que las plantas madres o flo-

Las hortalizas también son más resistentes si se las injerta (pág. 35).

recen con la misma intensidad, a la vez que de la segunda planta reciben características tales como una mayor resistencia.

Conceptos básicos

Patrón: Es la planta que genera el sistema radical y parte del tallo de la planta definitiva, y que determinará características tales como resistencia, crecimiento y salud. Según la especie puede obtenerse incluso a partir de semillas. Así, por ejemplo, para los perales se suelen emplear como patrón membrilleros de crecimiento lento; para los cerezos se emplean cerezos silvestres, y para los melocotoneros, ciruelos silvestres. Para los manzanos existen patrones especiales de crecimiento reducido y que, por tanto, también son adecuados para jardines pequeños.

Injerto: Como injerto se emplea un brote de la especie elegida. Deberá tener por lo menos cinco o seis yemas de hojas.

Este brote se coloca sobre el patrón y es el que luego dará lugar a la copa del árbol.

Técnicas para realizar injertos

Existen diversas formas de unir el injerto al patrón. Lo importante es que las zonas en las que se haya levantado la corteza, bajo la cual hay una capa de células verdes capaces de multiplicarse, estén en contacto de modo que puedan crecer juntas.

Injerto de aproximación: Para aplicar esta técnica es necesario que el patrón y el injerto sean del mismo grosor, normalmente de 0,5 a 1 cm. Se emplea en los hihastacos, las lilas y los cerezos ornamentales.

➤ El patrón se corta en oblicuo y el corte deberá iniciarse justo por encima de una yema sana y finalizará a unos 2-4 cm por debajo de ésta. La longitud de la superficie de corte será de cinco a seis veces el diámetro del patrón, o sea, de 2,5 a 6 cm.

➤ El injerto se corta con la misma inclinación que el patrón, de modo que ambas superficies de corte coincidan perfectamente. Una vez unidas ambas partes, se envuelve la unión con una cinta elástica

> Después de realizar el injerto hay que sujetar la púa y el patrón con una cinta elástica especial.

especial para injertos (ver recuadro) y de modo que no cubra las yemas. Este tipo de injerto se realiza en invierno o a principios de verano, cuando las plantas no tienen hojas.
➤ Una modalidad algo más sofisticada es el «injerto con lenguas opuestas». El patrón y el injerto se cortan oblicuamente como en el caso anterior, pero con la salvedad de que ahora se corta una pequeña cuña de cada superficie de corte y se introduce en el orificio que ha quedado en la otra planta. La unión se envuelve con cinta elástica para injertos.

Injertos de contacto: Existen técnicas que se aplican cuando el patrón es más grueso que el injerto. Se emplean, por ejemplo, en rododendros y arces.
➤ El tallo del patrón se corta oblicuamente por un lado, es decir, no en todo su diámetro. La superficie de corte en el patrón deberá ser del mismo tamaño que la del injerto. El corte se efectuará por encima de una yema sana y solamente penetrará unos pocos milímetros en la madera. Cortar el injerto de modo que encaje bien, colocarlo y fijarlo con cinta elástica para injertos. Con este método se conserva la totalidad del patrón y no se corta hasta que el injerto ha crecido.
➤ Otro sistema consiste en cortar el patrón inmediatamente por encima del lugar en el que se ha injertado.
Injerto de escudete: Esta técnica se suele emplear cuando el patrón y el injerto son de grosores muy distintos. Se emplea, por ejemplo, en la falsa acacia. El patrón se corta transversalmente a la altura deseada, y a partir del plano de corte se efectúa un corte perpendicular descendente de unos 2 cm de longitud y se levanta cuidadosamente la cor-

teza con un cuchillo. Se corta el esqueje oblicuamente de modo que su superficie de corte tenga una longitud de 1-1,5 cm y se introduce bajo la corteza del patrón. Su superficie de corte deberá estar en contacto con la madera de éste. A continuación se asegurará la unión con cinta elástica para injertos. Para aplicar este método es necesario que el patrón ya haya brotado pero que el injerto aún no lo haya hecho. Para conseguirlo, se cortan los injertos en invierno y se guardan en un lugar fresco. ∎

Herramientas necesarias para injertar

✗ **Cuchillo para injertar:** La hoja está muy afilada y suele acabar en punta. Los cuchillos para realizar injertos de escudo (pág. 34) tienen la hoja recta para lograr cortes bien planos.

✗ Son muy útiles los cuchillos que incorporan un accesorio para desprender la corteza.

✗ **Cinta para injertos:** Las tiras de goma son elásticas, pero al cabo de unos meses hay que retirarlas. La cinta elástica especial para injertos se desprende por sí sola al cabo de un tiempo.

Injertos con yemas

En vez de emplear brotes o tallos enteros, esta técnica consiste en unir yemas sueltas a la planta patrón.
Denominaremos «yema» a una parte de la corteza de la que pueden brotar hojas o vástagos (pág. 7). En primavera es fácil obtenerlos porque se ven claramente las yemas que están empezando a desarrollarse. En invierno se pueden localizar las yemas durmientes por los abultamientos o formas anulares que provocan en la corteza. La ventaja de efectuar injertos con yemas es que solamente se necesitan unos pequeños fragmentos de la planta. Así es fácil obtener cientos de ejemplares a partir de plantas muy raras o de las que solamente existe un único ejemplar. Es uno de los métodos más empleados en los rosales y en los frutales.

Realización del injerto

El injerto puede realizarse durante todo el verano, desde principios de verano hasta septiembre, excluyendo las semanas más calurosas. Los escudos injertados deben crecer, pero no han de llegar a brotar porque al llegar el invierno aún no serían lo suficientemente fuertes y sucumbirían a las heladas. Si las yemas van a brotar en el mismo año, corte los brotes hasta reducirlos a la mínima expresión.

➤ Unos diez días antes de realizar el injerto, corte todos los brotes de la planta patrón situados a unos 10-20 cm alrededor de la zona en la que se va a injertar.

➤ Efectúe en la corteza un corte en T que mida aproximadamente 1 cm de longitud y cuya profundidad sea solamente la necesaria como para poder desprender la corteza, pero sin afectar a los tejidos que hay debajo de ésta. Levan-

1 Preparación
Emplee un cuchillo bien afilado para hacer un corte en T en la corteza de la planta patrón. Separe la corteza hasta dejar al descubierto la jugosa capa inferior.

2 Inserción de la yema
Introduzca cuidadosamente la yema bajo los labios de la herida y corte lo que pueda sobrar por arriba.

3 Protección
Envuelva la zona empleando cinta elástica especial para injertos de forma que se asegure el contacto, pero dejando al descubierto la yema.

> *Injertando los rosales podrá enriquecer su jardín con hermosas variedades.*

te cuidadosamente la corteza a lo largo del corte hasta que se formen unos labios triangulares.

➤ En la planta de la que vaya a tomar el escudo, elija un brote sano de este año o del anterior. Elimine las hojas, pero deje algunos peciolos cortos que le servirán para sujetar el injerto, pues el escudo propiamente dicho no conviene tocarlo con los dedos para evitar transmitir gérmenes patógenos que puedan comprometer el proceso. Gire el brote de modo que su extremo apunte hacia abajo y corte el escudo. Para ello, coloque el cuchillo a unos 2 cm por enci-ma del peciolo de la hoja y deslícelo suavemente hacia abajo describiendo un movimiento plano y en arco. Así obtendrá un pequeño fragmento elíptico con el peciolo en el centro.

➤ Sujete el escudo por el peciolo e introdúzcalo hasta la mitad entre los labios de la herida de la planta patrón. Corte el resto de la elipse y fije el injerto con cinta elástica especial.

Injerto en «chip»

En este método originario de Estados Unidos, el escudo no se introduce bajo los labios del corte de la corteza, sino que penetra lateralmente. Para ello hay que efectuar un corte lateral en la corteza. Pero este corte no debe ser recto, sino que acabará en un «garfio» que ofrecerá apoyo al escudo. El escudo se corta simétricamente, se coloca sobre el corte y se sujeta con cinta elástica.

Injerto de contacto

También las hortalizas se injertan para obtener plantas más resistentes. En las tomateras y los pepinos se emplea el llamado injerto de contacto (foto de la pág. 32). Como patrón se emplean variedades silvestres de la misma planta y que deberán tener el mismo grosor que las que se van a injertar. En el patrón se efectúa un corte oblicuo y descendente de unos 0,5 a 1 cm de longitud y que penetra hasta la mitad del tallo. En la otra planta se realiza un corte simétrico y ascendente. Se colocan ambas plantas una junto a la otra de modo que las superficies de corte entren en contacto y se puedan sujetar en esa posición. Al cabo de unos diez días se corta la planta patrón por encima del lugar en que se ha efectuado el injerto. ∎

RECUERDE

Cuidado de los injertos

✔ La cinta elástica para injertos se vuelve porosa al estar expuesta al sol y suele romperse por sí sola.

✔ Las cintas de goma o de otros materiales no se liberan automáticamente y hay que cortarlas en cuanto la planta empieza a crecer.

✔ Hay que cuidar que los injertos no sufran la acción de los parásitos. Elimine diariamente los pulgones y otros seres indeseables que puedan aparecer.

✔ Los injertos que no prosperan se reconocen fácilmente porque se les secan las hojas o las yemas. Vuelva a intentarlo.

Los cuidados adecuados

La base del éxito consiste en multiplicar las plantas aplicando el método más adecuado para cada una. Pero solamente obtendrá buenos resultados si luego cuida bien a la planta durante su desarrollo.

Las plantitas jóvenes suelen ser bastante delicadas y no toleran bien los cambios ni los cuidados erróneos, pues carecen de las «reservas» necesarias. Por tanto, solamente sobrevivirán si se les proporcionan exactamente los cuidados que necesitan, especialmente durante las primeras semanas.

Dosificar el riego

➤ Si el agua del grifo es demasiado dura o demasiado fría, no la emplee para regar sus plantas. Es mucho mejor regarlas con agua de lluvia que haya reposado durante algunos días en un bidón y que ya esté a temperatura ambiente.

➤ Cuando la semilla germina y empiezan a aparecer las primeras raíces es imprescindible que la tierra de los semilleros nunca llegue a secarse. De lo contrario se interrumpiría su desarrollo.

➤ Pero la tierra tampoco ha de estar siempre mojada, porque esto haría que las raíces recién formadas acabasen pudriéndose. Mantenga la tierra simplemente húmeda y recuerde que es mejor regar varias veces en poca cantidad que una vez en abundancia. (Vea más sugerencias en el recuadro de la pág. 37).

Ventilar con frecuencia

La mayoría de las plantas germinan y arraigan muy bien en un ambiente cálido y húmedo, con la excepción de las originarias de regiones áridas, como es el caso de los cactus. Pero el ambiente tropical también nos plantea algunos problemas:

➤ Cuanto más cálido y húmedo sea el ambiente, más a sus anchas prosperarán los hongos cuyas esporas se difundirán por toda la instalación. Por tanto, es conveniente ventilar con frecuencia. Para ello, levante la cubierta del semillero varias veces al día durante tres a cinco minutos. A

Emplee el tapón del envase para dosificar el fertilizante con precisión. Disuélvalo homogéneamente en el agua.

La mejor manera de humedecer los semilleros es pulverizando agua de lluvia desmineralizada y a temperatura ambiente.

continuación, pulverice un poco de agua sobre las plantitas y vuelva a colocar la tapa en su sitio.

➤ Cuando las plantas ya hayan arraigado bien podrá dejar la cubierta siempre levantada, o apoyarla sobre unos topes de corcho colocados en los bordes para que el aire pueda circular a través de las rendijas.

Abonar

➤ Mientras las plantitas jóvenes estén en sus recipientes de crecimiento no necesitarán ningún abono mineral. Los abonos son sales que reaccionan de un modo bastante agresivo y que podrían dañar los sensibles y delicados tejidos de las raíces de las plantitas. Para fortalecerlas podemos añadirles productos tales como extractos de

plantas (por ejemplo, de algas marrones).

➤ Cuando trasplante las plantas a macetas individuales, siga sin abonarlas durante las primeras cuatro a seis semanas. La tierra empleada ya contiene nutrientes suficientes para ese tiempo.

➤ De ahí en adelante sí que habrá que abonar regularmente. Es recomendable emplear abonos minerales líquidos e instantáneos que simplemente se disuelven en el agua del riego. Tienen la ventaja de que se pueden dosificar con mucha precisión.

Pinzar

➤ Al trasplantar por primera vez las plantitas jóvenes hay que cortarles los extremos de los brotes (pág. 38). Es lo que se conoce como «pinzar». Los extremos se cortan a un tercio

de su longitud y así se consigue que las plantas ramifiquen más y que su crecimiento sea más denso.

➤ Si las plantas se pinzasen demasiado pronto, se les producirían unas heridas demasiado grandes por las que podrían penetrar todo tipo de agentes patógenos.

➤ La manera más sencilla de pinzar es con las uñas de los dedos. Se sujeta firmemente el brote y se gira. También puede emplearse una tijerita. ∎

Trasplantar en el momento preciso

Es conveniente trasladar las plantas a recipientes individuales antes de que su crecimiento les haga empezar a competir en las cubetas y semilleros.

Si la siembra sale bien, las nuevas plantas pronto empezarán a formar un conjunto

Plante las plantas de modo que en la parte superior quede un margen de 2 cm para que no se desborde el agua del riego.

demasiado denso. Y no sólo competirán por el agua y los nutrientes, sino también por la luz. Esto hará que crezcan rápidamente en altura y que

los tallos sean delgados y débiles. Para evitarlo es conveniente trasplantar a tiempo. La mayoría de las plantas con flores empiezan por producir dos hojitas germinales que se diferencian claramente de las demás. No efectúe el trasplante hasta que las plantas tengan ya por lo menos dos pares de hojas verdaderas.

Separar

Separar las plantitas jóvenes es una tarea un poco delicada.
➤ Prepare las macetas individuales y llénelas con tierra para flores nueva y de buena calidad. Apisónela ligeramente con las puntas de los dedos para que no queden espacios vacíos.
➤ Empleando un palito o una varilla (pág. 9), cave un pequeño hoyo en el centro de cada maceta.
➤ Finalmente, introduzca la varilla lateralmente bajo la plantita y levántela con mucho cuidado sin romper sus finas raíces.
➤ Efectuando movimientos de rotación, procure introducir las raíces en el hoyo sin dañarlas. Éstas deberán apuntar

hacia abajo y nunca deberían doblarse o curvarse hacia arriba.
➤ Apriete la tierra con los dedos alrededor de la planta para que ésta se mantenga en su lugar.
➤ A las plantas que no se sostengan bien habrá que proporcionarles inmediatamente un tutor. Clávelo en la tierra a un lado del hoyo de la planta para no dañar las raíces.
➤ Para acabar, riegue las macetas con cuidado (pág. 36) para que la tierra se asiente bien y sujete la planta. Si al regar ve que la tierra se ablanda mucho y la planta se cae, apriétela con los dedos.

Trasplante

Hasta que una planta se haga grande habrá que trasplantarla varias veces.
➤ Cada vez hay que cambiarla a una maceta que sea uno o dos números mayor que la anterior. Las macetas excesivamente grandes contienen demasiada tierra, por lo que la planta no puede extender sus raíces por toda ella. Esto hace que aumente el riesgo de po-

> *El mejor momento para separar las plántulas es cuando ya ha aparecido el primer par de hojas después de las germinales.*

dredumbre de raíces debida a la retención de agua, porque la tierra sin raíces tarda más en secarse que la que está enraizada. Pero las macetas siguientes tampoco deberán ser demasiado pequeñas: la parte superior será lo suficientemente amplia como para poder llenarla cómodamente con tierra y apretarla con los dedos.

➤ Tenga cuidado al sacar las plantas de sus macetas sin que los cepellones se disgreguen. Si ve que las raíces aún no se extienden por toda la tierra, deje las plantas en sus macetas durante algunas semanas más. Pero si el cepellón es muy compacto, golpee ligeramente el borde de la maceta contra el canto de una mesa o libérelo pasando cuidadosamente un cuchillo por el interior de la maceta.

➤ Ponga algo de tierra en la maceta nueva y asiente bien el cepellón. Su parte superior deberá quedar a 1-2 centímetros por debajo del borde de la maceta para que ésta no se desborde al regar. Pero tampoco hay que colocarlo demasiado hundido, pues los tallos podrían quedar cubiertos por la tierra. Muchos se pudrirían rápidamente, las hojas dejarían de suministrar agua y nutrientes a la planta y ésta acabaría por sucumbir.

➤ Añada tierra nueva hasta acabar de llenar la maceta, apisónela ligeramente y riéguela bien. ∎

INFORMACIÓN PRÁCTICA

La ubicación ideal para las nuevas plantas

✗ El nuevo emplazamiento deberá estar bien iluminado pero no expuesto al sol directo. Las plantas que se han desarrollado detrás o debajo de un vidrio son las más susceptibles de sufrir una «insolación».

✗ Los emplazamientos en el jardín deberán estar protegidos del viento, de lo contrario, las hojas tiernas se secarían rápidamente. Si el viento derriba las plantas se pueden romper los tallos o desgarrarse las raíces al ser arrancadas del suelo.

✗ A las plantas jóvenes también hay que protegerlas de los animales. Para ponerlas a salvo de los caracoles puede colocarlas sobre mesas o estanterías y para que estén a salvo de conejos y roedores se pueden emplear cubiertas de quita y pon.

Sanas desde el principio

Para que las plantas se desarrollen bien es necesario que estén sanas. Por tanto, habrá que empezar por prevenir la aparición de enfermedades y parásitos.

El lema médico de que «es mejor prevenir que curar» se aplica a todos los seres vivos, incluidas las plantas. Si descubre a tiempo que una planta está enfermando y soluciona la causa tendrá más éxito con su reproducción.

Unas buenas bases

Este diagnóstico temprano se inicia ya con la elección de las plantas madre:

➤ Obtenga estolones solamente a partir de aquellas plantas que estén libres de enfermedades y de parásitos. Las enfermedades víricas y bacterianas se transmiten a las nuevas plantas y así siguen propagándose. En los cultivares de plantas con hojas variegadas o troncos retorcidos, como el avellano sacacorchos, puede ser deseable la transmisión de estos caracteres, lo cual implica la transmisión de la infección. Pero en la mayoría de los casos, las bacterias y los virus lo único que hacen es provocar la muerte de la planta a corto o largo plazo.

➤ Emplee solamente fragmentos de plantas libres de parásitos. Los insectos chupadores perforan las hojas con multitud de picaduras para succionar la savia. Estas pequeñas heridas pueden constituir las puertas de entrada para todo tipo de agentes patógenos que luego debilitarán a la planta. La alternativa consiste en tratar las plantas madres y no iniciar la multiplicación hasta que estén totalmente libres de plagas.

Un entorno sano

Si una semilla sana se introduce en un entorno inadecuado estará expuesta a muchos peligros.

➤ No emplee nunca tierra vieja. Es posible que contenga gérmenes aletargados que atacarían a las plantitas jóvenes. Es conveniente emplear sólo tierra nueva.

➤ Los recipientes de cultivo hay que lavarlos, frotarlos y aclararlos bien para evitar que quede suciedad y restos de sustrato del año anterior. También esto ayudará a eliminar gérmenes. Estas normas de higiene hay que aplicarlas a cubetas, macetas, semilleros, cubiertas y demás material.

➤ Igualmente habrá que lavar a fondo los cuchillos, varillas, palas y demás herramientas empleadas. Lo ideal sería desinfectar este material para evitar una posible transmisión de enfermedades. ■

Plántulas enfermas que se doblan debido a la podredumbre de la base del tallo.

Primeros auxilios

Hongos

Causa: En el ambiente cálido y húmedo de los cultivos suelen prosperar bien los mohos grises. Paro también pueden hacer su aparición otros hongos.

Remedio: Ventile los cultivos varias veces al día, pero durante poco rato. La aireación dificulta la propagación de las esporas de los hongos. No es recomendable emplear fungicidas porque podrían dañar las delicadas hojas de las plantas.

Podredumbre

Causa: Si los tallos de los esquejes se vuelven negros suele ser a causa de la humedad. Si la tierra está siempre demasiado húmeda, se pudre la corteza, las hojas dejan de suministrar nutrientes y el esqueje se muere.

Remedio: Riegue con moderación para que la tierra se mantenga ligeramente húmeda, pero no mojada. Algunas plantas son tan sensibles que no toleran la multiplicación por esquejes y no hay más remedio que sembrar sus semillas.

Mosquito del suelo

Causa: Si las plantas recién germinadas se doblan por la base del tallo será conveniente que mire la tierra con una lupa. Si descubre unos gusanitos transparentes de 6-7 mm de longitud, son las larvas del mosquito del suelo. Se comen las raíces jóvenes y destruyen el interior de los tallos.

Remedio: Capture los insectos adultos con tiras atrapamoscas. Así evitará que puedan desovar y ya no habrá más larvas.

Animales del jardín

Causa: Si se cultiva dentro de casa o en un invernadero no habrá animales que roan las raíces o los tallos. Pero en el exterior, las siembras y los almacenamientos de esquejes pueden verse afectados por la acción de roedores, aves y caracoles.

Remedio: Cubra las plantas o siembras con cajas de plástico desmontables. Así estarán casi tan seguras como en un mini-invernadero.

Manchas de las hojas

Causa: El motivo más frecuente de la aparición de manchas en las hojas es un exceso de sol. En casos extremos, las hojas pueden llegar a quemarse. Además, el aire seco hace que las puntas y bordes de las hojas adquieran un color marrón.

Remedio: Elija una ubicación a la sombra cerca de una ventana orientada al este o al oeste. También puede dar sombra a los cultivos empleando un tejido de malla o una tela fina.

Coloración amarillenta

Causa: Si las hojas adquieren un color amarillo pero no sufren calor ni están en un ambiente seco es posible que la culpa sea del suelo. Los rododendros y las plantas de las turberas necesitan un suelo ácido (pH bajo).

Remedio: Las tierras de buena calidad suelen ser ligeramente ácidas, pero no sucede así con las más baratas. Preste atención al pH que se indica en el embalaje. Es un error pretender ahorrar comprando un sustrato barato.

Descripción de especies

Árboles y arbustos

Si va a montar un jardín nuevo y decide comprar todos los árboles y arbustos en un vivero o en un garden center, es fácil que acabe gastándose varios miles de euros. Pero puede ahorrarse mucho dinero cultivando usted mismo los arbustos para hacer largos setos o para densos grupos ornamentales. Pregunte a sus amigos y vecinos si le pueden dar ramas y brotes para hacer esquejes, y empiece a cultivarlos lo antes posible. Mientras que los árboles de hoja caduca suelen poder reproducirse de muchas formas, el cultivo de las coníferas acostumbra a ser algo más complicado. Los esquejes suelen tener problemas porque les cuesta arraigar y el ambiente cálido y húmedo del vivero hace que las agujas sean pasto de los hongos. Y muchas especies no pueden sembrarse. Por tanto, la mayoría de los aficionados a la jardinería prefieren dejar el cultivo de las coníferas en manos de los profesionales y se concentran en los árboles de hoja caduca.

Hortensia
Hydrangea macrophylla

Desarrollo: arbusto
Altura: 1-1,5 m

➤ **está de moda** ✿

Características: Está muy de moda tanto para el jardín o la terraza como para planta de interior: flores de color blanco, rosa, rojo o violeta en inflorescencias redondas.
Multiplicación: Estolones; los esquejes de brotes arraigan muy bien a una temperatura de 18-20 ºC.
Época: Después de la floración, como muy tarde a finales de verano.
Sugerencia: Para obtener flores de determinados colores es necesario añadir sulfato de aluminio al suelo. Así, las variedades de color rosa adquieren una coloración azul y las de color rojo pasan al violeta.
Empleo: Para setos, en macetas grandes, para decorar la entrada de la casa.

Boj
Buxus sempervirens

Desarrollo: arbusto o árbol
Altura: 0,5-5 m

➤ **multitud de usos** ✿

Características: Hoja perenne; crecimiento lento, relativamente caro; tolera bien la poda.
Multiplicación: Los esquejes de tallo crecen bien al aire libre porque las hojas se mantienen verdes aunque no hayan raíces; pero suelen tardar hasta un año en arraigar, mientras que en el interior lo hacen en pocas semanas.
Época: Finales de primavera-finales de verano/principios de otoño; emplear los restos de la poda como esquejes.
Sugerencia: Si se pinzan pronto las puntas, el boj se hace más denso.
Empleo: Setos, poda con diversas formas, planta de maceta.

✿ fácil de cuidar ☼ sol ◐ sol y sombra ● sombra

Rosal
Rosa spec.

Desarrollo: variado
Altura: 0,2–5 m

> **cultivar como un profesional**

Características: Muchas variedades; arbustivos, trepadores o tapizantes; existen variedades históricas que sólo se cultivan en jardines privados.
Multiplicación: a) Injerto: los rosales ornamentales suelen injertarse sobre rosales silvestres; b) esquejes: así es como se cultivan masivamente los rosales silvestres; c) estolones: en rosales trepadores o tapizantes.
Época: a) Mediados de verano-finales de verano, b) principios/mediados de primavera; c) principios/finales de verano.
Sugerencia: Reproduzca solamente variedades robustas y libres de enfermedades.
Empleo: Arriates, macetas, setos, decoración de muros y paredes.

Castaño de Indias
Aesculus hippocastanum

Desarrollo: árbol grande
Altura: hasta 30 m

> **sencillamente espectacular ✿**

Características: Crece mucho; adecuado sólo para jardines grandes.
Multiplicación: a) Por semillas: sus frutos espinosos contienen las conocidas semillas marrones, germinan muy bien; b) injerto: las variedades ornamentales del castaño de Indias se injertan por copulación (unión lateral) en ejemplares silvestres.
Época: a) En septiembre al aire libre, después de la cosecha: enterrarlas completamente en el suelo; b) principios/finales de verano.
Sugerencia: Las castañas del castaño común (*Castanea sativa*) también germinan muy bien.
Empleo: Árbol ornamental; para dar sombra en los lugares de descanso.

Sauce
Salix

Desarrollo: arbusto o árbol
Altura: hasta 30 m

> **muy variado ✿**

Características: Muy robusto y adaptable; produce estolones; tolera bien la poda.
Multiplicación: a) Esquejes leñosos: ideales para obtener una gran producción; b) estolones: suelen ser muy abundantes; c) acodos: arraigan en pocas semanas; d) esquejes: los esquejes de brotes producen raíces en tierra o agua en un tiempo récord.
Época: a) Principios de primavera; b)-c) principios/finales de primavera; d) mediados de primavera-finales de verano.
Sugerencia: Las ramas pueden emplearse para hacer vallas.
Empleo: Orillas del agua, setos silvestres, árbol ornamental.

Matas y flores de bulbo

Si usted se decide a multiplicar sus plantas con flores, no sólo se hará un favor a sí mismo, sino que también se lo hará a las plantas: las matas que cada primavera vuelven a brotar del suelo envejecen mucho con el paso de los años si no se hace algo por rejuvenecerlas. Pero si se las cava a intervalos regulares y se las divide, conservan su vitalidad durante décadas. En las matas tapizantes es recomendable cortar frecuentemente los estolones para que el conjunto se mantenga denso y compacto.

En las plantas de bulbo, su propia proliferación hace que lleguen a competir entre sí por el espacio vital, el agua y los nutrientes. Si cultiva crocus, tulipanes, jacintos y similares deberá cavarlos cada dos o tres años para retirar los bulbos hijos. Así proporcionará nueva energía a las plantas viejas y cada año podrá disfrutar de un espléndido mar de flores.

Bambúes
Phyllostachys, Bambusa sp.

Desarrollo: herbáceo
Altura: 0,5-10 m

☀ ◑ ✍

➤ **hierbas gigantes** ✿

Características: Hierbas gigantes, perennes y resistentes a las heladas; crecimiento muy rápido; produce estolones; florece pocas veces.
Multiplicación: : a) Estolones: cortar los brotes de la raíz y plantarlos por separado; b) esquejes de raíz: si se los coloca horizontalmente en la tierra, hasta los más pequeños fragmentos de raíz son capaces de arraigar; c) división: las matas grandes pueden dividirse con una laya o con la pala.
Época: a)-c) Principios/mediados de primavera.
Sugerencia: La tierra en la que han de arraigar hay que mantenerla muy húmeda
Empleo: Setos, para flanquear estanques, jardines japoneses, para proteger la intimidad del jardín.

Siempreviva
Sempervivum

Desarrollo: tapizante
Altura: 5-15 cm

☀ ✍

➤ **pequeña y robusta** ✿

Características: Plantas con hojas en rosetas y capaces de sobrevivir en situaciones extremas; plantas crasas de las que existen muchas variedades, algunas de ellas con mucho colorido.
Multiplicación: a) División: se separan las rosetas y se plantan en tierra para cactus, arraigan al cabo de poco tiempo; b) semillas: lleva su tiempo pero es muy productiva; resiste las heladas.
Época: a) Mediados de primavera-finales de verano; b) finales de verano/principios de otoño-principios de primavera.
Sugerencia: No emplee rosetas que tengan flor, porque mueren después de la floración.
Empleo: Jardines rocallosos, macetas, zonas rocosas del jardín.

✿ fácil de cuidar   ☀ sol   ◑ sol y sombra   ● sombra

Azucena
Lilium

Desarrollo: tallos largos, erectos
Altura: 30-150 cm

☀️ 🪴

➤ **majestuosa y atractiva** ❁

Características: Flores abundantes, de carácter oriental y en gran variedad de coloraciones; resiste bien las heladas.
Multiplicación: a) Siembra: las semillas necesitan germinar en la oscuridad; b) bulbos hijos: las matas viejas suelen producirlos en abundancia; c) plantas adventicias: algunas especies las producen en las axilas de las hojas; d) estimulación de estolones: las escamas de los bulbos producen bulbos hijos.
Época: a)-d) Finales de verano-mediados de otoño.
Sugerencia: Lo mismo se puede aplicar a la corona imperial (*Fritillaria*) y especies similares.
Empleo: Arriates, jardineras.

Espuela de caballero
Delphinium

Desarrollo: mata
Altura: 50-150 cm

☀️ 🪴

➤ **una belleza azul y blanca** ❁

Características: Una planta clásica para los arriates de rosales; flores azules o blancas.
Multiplicación: a) Siembra: a partir de las semillas se pueden obtener nuevas variedades; b) división: los rizomas se pueden cortar en fragmentos, con por lo menos tres o cuatro yemas; c) esquejes: hay que cortarlos lo más abajo posible y cerca de las raíces.
Época: a) Mediados/finales de verano; b) principios/mediados de primavera; c) mediados/finales de primavera.
Sugerencia: Si se deja que maduren las semillas se retrasará la segunda floración.
Empleo: Para combinar con los rosales, en arriates de matas, en jardineras.

Lirio
Iris

Desarrollo: herbáceo
Altura: 30-120 cm

☀️ 🪴-🪴

➤ **fácil de dividir** ❁

Características: Muchas variedades; bonitas flores; resistente a las heladas.
Multiplicación: a) Bulbos hijos: es el método habitual con los lirios de bulbo (como *Iris reticulata*); b) división: cortar los gruesos rizomas en fragmentos de 10-15 cm en los que haya por lo menos una yema.
Época: a) Después de la floración, mediados de primavera-finales de primavera; b) después de la floración: mediados/finales de verano; en primavera: principios/mediados de primavera.
Sugerencia: Coloque los rizomas en posición horizontal y cúbralos con tierra solamente hasta la mitad.
Empleo: Arriates, orillas de los estanques, macetas, cultivos de aficionado.

Plantas de interior y de jardinera

Las plantas de interior siempre constituyen un buen regalo. Por tanto, es muy útil disponer de un buen surtido de plantas cultivadas en casa. Tanto por separado como en bandejas con varios ejemplares distintos, siempre serán un regalo muy bonito y personal. Entre las plantas de jardinera encontramos una gran variedad de especies exóticas, y muchas veces nos gustaría volver de las vacaciones con las maletas llenas de esquejes y estolones de las plantas que encontramos en otras latitudes. Pero tenga cuidado: está prohibido importar especies de países no pertenecientes a la Comunidad Europea. Y en Europa muchas plantas necesitan un documento CITES que le tiene que proporcionar el vendedor. Este documento certifica que la planta procede de un cultivo y que no ha sido recolectada en la naturaleza. Si consigue esquejes o semillas en algún vivero, asegúrese de que las plantas madres estén perfectamente sanas.

Begonia
Begonia

Desarrollo: arbustivo o colgante
Altura: hasta 35 cm

➤ **belleza en estado puro** ✿

Características: Las begonias de hoja son apreciadas por la coloración de sus hojas, mientras que las begonias tuberosas lo son por el colorido de sus flores.
Multiplicación: a) Esquejes de fragmentos de hojas: las plantas hijas aparecen en los puntos en los que los cortes de las nervaduras de la hoja están en contacto con la tierra; b) tubérculos: las begonias tuberosas producen tubérculos hijos; los fragmentos de tubérculo con una yema y un par de raíces también arraigan bien.
Época: a) Mediados de primavera-principios de verano, b) finales de verano-principios/mediados de otoño.
Sugerencia: Los mejores resultados se obtienen a una temperatura de 24 ºC.
Empleo: Planta para balcones, terrazas o interior.

Geranio
Pelargonium

Desarrollo: arbustivo o colgante
Altura: 30-150 cm

➤ **decorativo y muy apreciado** ✿

Características: Planta fácil de cuidar y con flores duraderas, existen cientos de variedades.
Multiplicación: a) Esquejes: los esquejes de brotes y fragmentos de tallos crecen bien si se mantiene la tierra húmeda; b) semillas: a menos que se empleen técnicas profesionales (por ejemplo, cultivos con luz artificial), las plantas obtenidas de semilla no florecen hasta al cabo de un año.
Época: a) Mediados de verano-finales de verano/principios de otoño; b) mediados de invierno- finales de invierno.
Sugerencia: No cubra los esquejes; el aire caliente y húmedo propicia las enfermedades causadas por hongos.
Empleo: Jardineras de balcón, macetas.

✿ fácil de cuidar   ☼ sol   ◐ sol y sombra   ● sombra

Cactus y euforbias
Cactaceae, Euphorbiaceae

Desarrollo: esférico o columniforme
Altura: muy variable según las especies

➤ **punzantes y con formas interesantes** ✿

Características: Grupo de plantas muy rico en especies, con espinas y sin ellas.
Multiplicación: a) Esquejes de hojas; los fragmentos de los cactus segmentados arraigan rápidamente en tierra para cactus; b) esquejes de tallo; cuando se corta el extremo superior de un tallo hay que dejarlo secar durante algunos días antes de plantarlo; c) siembra; el crecimiento es muy lento; cuidar de que la tierra nunca esté demasiado húmeda.
Época: a)-c) Finales de primavera-mediados de verano.
Sugerencia: Coja los fragmentos de plantas con las pinzas de la barbacoa o con placas de porexpán.
Empleo: Muchas especies pueden vivir al aire libre durante todo el año, otras solamente durante el verano.

Adelfa
Nerium oleander

Desarrollo: arbusto
Altura: 1-4 m

➤ **mediterránea** ✿

Características: Arbusto de hoja perenne, bonito pero venenoso; flores duraderas en tiempo caluroso; necesita mucha agua y abono.
Multiplicación: Esquejes: los esquejes de brotes o de fragmentos de tallo son el método más rápido; arraigan en agua o en tierra en 10-14 días.
Época: Finales de primavera-finales de verano.
Sugerencia: Cortar los brotes un palmo en el mismo año (finales de verano-finales de verano/principios de otoño) para que se ramifiquen bien.
Empleo: Jardines, terrazas y balcones con ambiente mediterráneo.

Yuca
Yucca

Desarrollo: con forma de palmera
Altura: hasta 5 m

➤ **atractiva** ✿

Características: Muy fácil de cuidar; crece bien incluso en rincones sombríos de la casa.
Multiplicación: a) Esquejes de tallo: se cortan fragmentos de 20-30 cm, que arraigan tanto si se plantan vertical como horizontalmente; b) acodos; los cortes del tallo cubiertos con musgo húmedo generan raíces al cabo de pocos meses.
Época: Posible durante todo el año, pero es preferible en primavera.
Sugerencia: La planta madre vuelve a brotar después de que se corten los injertos.
Empleo: Como planta solitaria en jardines, terrazas o en interior.

Frutales y hortalizas

Vale la pena multiplicar las plantas que producen bayas, ya que es fácil hacerlo y se consiguen plantas que darán fruto muy pronto. Entre ellas se encuentran los frambuesos, zarzamoras, grosellero espinoso, grosellero, etc. En los frutales que producen frutas con hueso o semillas, como ciruelos, manzanos, etc., es mejor dejar que el injerto lo realice un profesional. Pero podemos hacer una excepción con los frutales viejos o con los de especies raras. En esos casos podemos ponernos manos a la obra. En el caso de las hortalizas anuales, lo más habitual es obtenerlas a partir de semillas. Pero en los últimos años, las especies más delicadas también se venden injertadas para hacerlas más fuertes (pág. 35). Puede comprar plantas ya injertadas, pero si domina la técnica también puede hacerlo usted mismo en casa.

Fresal
Fragaria

Desarrollo: tapizante
Altura: hasta 20 cm

➤ **frutos muy sabrosos** ✿

Características: Las fresas son pequeñas pero muy sabrosas, y el fresal fructifica durante muchos años; pero las variedades cultivadas disminuyen la producción a partir del segundo año.
Multiplicación: a) Estolones: es el método más rápido ya que la planta los produce espontáneamente; b) semillas: los fresales se siembran a unos 20 ºC.
Época: a) Finales de verano-finales de verano/principios de otoño; b) finales de invierno-principios de primavera.
Sugerencia: Para la multiplicación emplee solamente las mejores plantas madre.
Empleo: Cultivo en hileras, para bordear arriates, para plantar bajo otras plantas mayores.

Cerezo dulce
Prunus avium

Desarrollo: árbol
Altura: 5-10 m

➤ **sabroso y apreciado**

Características: Los cerezos de cerezas dulces alcanzan un gran porte, pero los de cerezas amargas no superan los 5 m; para mantener su vitalidad hay que podarlos después de la recolecta o a finales de invierno.
Multiplicación: Injerto por aproximación o de escudo: el cerezo dulce se injerta sobre cerezo silvestre, y el amargo sobre cerecino.
Época: Copulación: finales de invierno/principios de primavera; escudo: mediados/finales de verano.
Sugerencia: Existen abonos para conseguir que las cerezas tengan el hueso más pequeño.
Empleo: Árbol ornamental, para dar sombra.

✿ fácil de cuidar ☼ sol ☼ sol y sombra ● sombra

Cebolla
Allium cepa

Desarrollo: hojas tubulares
Altura: 30-50 cm

➤ **útil y apreciada** ✿

Características: Se emplea como hortaliza o como especia; se conserva bien.
Multiplicación: a) Bulbos hijos: en las tiendas los venden listos para su uso, sólo hace falta plantarlos en tierra; b) semillas: sembrar al principio en filas compactas, aclarar a medida que vayan creciendo.
Época: a) Para cosechar a mediados de verano: principios de primavera/mediados de primavera, para cosechar a finales de primavera hay que plantar a finales de verano/principios de otoño del año anterior; b) para cosechar antes del invierno: principios de primavera/mediados de primavera, para que hibernen: finales de verano.
Sugerencia: Lo mejor y más rápido es plantar los bulbos.
Empleo: En el huerto o en cultivos mixtos.

Uva espina
Ribes uva-crispa

Desarrollo: arbusto
Altura: 1-1,5 m

➤ **frutos muy sabrosos** ✿

Características: Arbustos pequeños pero densos que pueden dar fruto durante más de 15 años si se podan regularmente las ramas de más de tres años.
Multiplicación: a) Injertos: como patrón se emplea el grosellero dorado; b) esquejes: cortar en otoño tallos de un año, almacenarlos durante el invierno y plantarlos en primavera.
Época: a) Principios de verano-mediados de verano; b) finales de invierno-principios de primavera.
Sugerencia: Emplee variedades resistentes al oídio.
Empleo: Cultivo en hileras, para dividir espacios, para dar privacidad al jardín.

Tomate
Lycopersicon esculentum

Desarrollo: un solo tallo
Altura: 1-2 m

➤ **imprescindible en cualquier jardín** ✿

Características: Gran diversidad de variedades, desde los pequeños tomates cherry hasta los de más de un kilo; fácil de cultivar pero sensible a los hongos (cladosporiosis del tomate, etc.).
Multiplicación: a) Siembra: las semillas germinan en diez días a 20 ºC; b) injerto: se injertan brotes en tomateras silvestres para hacer que sean resistentes a los hongos.
Época: a) Principios/mediados de primavera; b) mediados de primavera.
Sugerencia: Emplee siempre variedades resistentes.
Empleo: Cultivos al aire libre o en invernadero; jardineras ornombrentales.

Más especies de plantas

Árboles y arbustos

Nombre	Requerimiento	Flores	Empleo	Altura Desarrollo	Multiplicación
Aralia y zumaque *Aralia Rhus*		blanco y rojo fin. verano-fin. otoño	planta solitaria en umbela	3-5 m esquejes de raíz	estolones, acodos, esquejes,
Árbol de las mariposas *Buddleja davidii*		diversas med. verano-ppos. otoño	solitaria, setos	3-5 m	esquejes de brotes y de tallos
Árbol de la vida, Ciprés enano *Thuja, Chamaecyparis*		piñas fin. verano-med. otoño	setos	2-5 m muy densos	esquejes (difícil); injertos por contacto lateral
Arce japonés *Acer palmatum*		escasas	planta solitaria	2-5 m nudoso	injertos por escudo o de contacto
Arce menor *Acer campestre*		verde amarillento fin. primavera-ppos. verano	solitario, para setos	3-15 m estilizado	esquejes; siembra: emplear sólo semillas muy frescas
Brezo *Calluna, Erica*		variable variable	para rellenar espacios	20-60 cm plano	esquejes; esquejes, estolones, acodos, división
Celinda *Philadelphus*		blanco fin. primavera-ppos. verano	arriates, planta aromática	1-3 m arbusto	esquejes, acodos; lo mismo con *Deutzia*
Cerezos ornamentales Híbrido de *Prunus*		blanco, rosa med./fin. primavera	solitarios	5-12 m árboles	injertos por escudo o por copulación
Clemátide Esp. y var. de *Clematis*		diversas diversas	para recubrir muros, arcos y celosías	3-10 m trepadora	esquejes y acodos
Cornejo *Cornus alba*		blanquecino fin. primavera-ppos. verano	solitaria, para setos	3-4 m corteza multicolor	esquejes
Espino albar *Crataegus*		blanco fin. primavera-ppos. verano	setos espinosos	2-5 m árboles pequeños	estolones y esquejes
Glicina *Wisteria chinensis*		azul, blanco fin. primavera-ppos. verano	para cubrir muros y pérgolas	hasta 15 m trepadora	esquejes; cuidado: las plantas obtenidas por semillas pueden no florecer
Hamamelis Híbrido de *Hamamelis*		amarillo, rojo med. invierno-ppos. primavera	solitaria	2-3 m poco densa	injertos por copulación o contacto, acodos con musgo

Nombre	Requerimiento	Color de las flores / Floración	Empleo	Altura / Desarrollo	Multiplicación
✤ Hiedra / *Hedera helix*		amarillenta / fin. verano-med. otoño	para cubrir muros y paredes arcos o celosías	hasta 20 m trepadora	esquejes y acodos de brotes jóvenes
✤ Lila / *Syringa vulgaris*		lila, rosa, blanco / fin. primavera-ppos. verano	solitaria, planta aromática	4-5 m árbol o arbusto	estolones, acodos, esquejes de raíz; injertos por copulación o de escudo
Magnolia / *Magnolia-sp*		blanco, rosa / med. primavera-ppos. verano	solitaria	arbusto o árbol	injertos por copulación o contacto; acodos en musgo
✤ Retama / *Cytisus, Genista*		amarillo, rojo / med./fin. primavera	taludes, arriates secos	20-200 cm variable	siembra: remojar las semillas; división, estolones, acodos
Rosa de Siria / *Hibiscus syriacus*		azul, blanco rosa, / med. verano-ppos. otoño	solitaria, para setos	1,5-2 m, estilizada	esquejes; injertos por copulación *Hibastacus* o de escudo
Rododendro / Híb. de *Rhododendron*		diversas / med. primavera-ppos. verano	solitaria, setos	1-5 m, forma acampanada	acodos, esquejes; injerto por contacto
✤ Sauce / Especies de *Salix*		amarillas / ppos./med. primavera	solitaria, setos	3-20 m árboles	esquejes de brotes y tallos

Matas y flores de bulbo

Nombre	Requerimiento	Color de las flores / Floración	Empleo	Altura / Desarrollo	Multiplicación
✤ Aubrecia / Híbrido de *Aubrieta*		diversos / med./fin. primavera	arriates, muros, jardines de rocalla	5-20 cm tapizante	esquejes, estolones, acodos
✤ Azucena amarilla / Híbrido de *Hemerocallis*		diversos / ppos./fin. verano	arriates, orillas de los estanques	40-100 cm arbustivo	división
✤ Campanillas / Especies de *Campanula*		azul, blanco, rosa / ppos./fin. verano	arriates, macetas	5-150 cm diversos	siembra; división, esquejes, estolones
✤ Dalias / Híbrido de *Dahlia*		diversos / med. verano-med. otoño	arriates, macetas	30-150 cm erecto	división; esquejes en primavera
✤ Geranio / Especies de *Geranium*		lila, rosa, / fin. primavera-med. verano	para cubrir superficies, macetas	10-50 cm tapizante	división, esquejes, esquejes de raíz
✤ Narcisos / Híbrido de *Narcissus*		amarillo, blanco, / ppos./med. primavera	arriates, macetas	40-60 cm mata	bulbos hijos
✤ Tulipán / Híbrido de *Tulipa*		diversos / ppos./fin. primavera	arriates, macetas	20-60 cm bulbos hijos	siembra: como los tulipanes silvestres

Plantas de interior y de jardinera

Nombre	Requerimientos	Color de las flores / Floración	Empleo / Hibernación	Altura / Desarrollo	Multiplicación
Ave del paraíso *Strelitzia reginae*		naranja-azul fin. invierno-fin. primavera	macetas, invernaderos, jardines con luz, 5-20 °C	1-1,5 m arbustivo	siembra, división
Begonia de hojas Híbrido de *Begonia-Rex*		–	planta de interior, bal-cón, con luz, 10-15 °C	10-30 cm plana	esquejes, esquejes de fragmentos de hojas, esquejes de raíces
Bromelias *Vriesea* y otras		diversas diversas	planta de interior con luz, 15-20 °C	20-50 cm de forma cónica	plantas adventicias
Ciclamen *Cyclamen*		diversos fin. verano-med. primavera	planta de tubérculo con luz, 10-18 °C	20-30 cm tubérculos hijos	estimular la producción de tubérculos; siembra
Cintas *Chlorophytum*		blanco med. primavera-med verano	planta de interior con luz, 0-20 °C	20-30 cm, hojas ornamentales	plantas adventicias, división
Crásula Especies de *Crassula*		blanco-rosa con la edad	planta de interior con luz, 5-15 °C	50-120 cm, arbolito	esquejes (dejar que se sequen las superficies de corte), esquejes de hoja
Clivia *Clivia*		naranja fin. invierno-med. primavera	planta de interior con luz 5-10 °C	60-80 cm herbácea	plantas adventicias, división
Difenbaquia *Dieffenbachia*		–	planta de interior con luz, 20-25 °C	1-3 m un solo tallo	esquejes de tallo y de brote, acodos con musgo
Falso jazmín *Solanum/Lycianthes*		azul, blanco fin. primavera-ppos. otoño	macetas con luz hasta oscuridad, 5-10 °C	2-4 m	esquejes de tallo
Ficus Especies de *Ficus*		–	planta de interior con luz, 15-25 °C	3-5 m, arbusto grande, o árbol	esquejes, acodos con musgo
Fucsia Híbrido de *Fuchsia*		diversos fin. primavera-med. otoño	maceta a oscuras, 5-10 °C	1-2 m, a veces un solo tallo	esquejes
Granado *Punica granatum*		rojo fin. verano-med. otoño	jardín o maceta a oscuras, 5-10 °C	1-5 m arbustivo	semillas; esquejes
Hibisco *Hihastacus rosa-sinensis*		diversos todo el año	planta de interior y jardín con luz 15-20 °C	2-3 m, arbustivo	esquejes
Higuera *Ficus carica*		verde-violeta fin. verano-ppos. otoño	jardín, maceta en oscuridad, 0-5 °C	2-5 m árbol/arbusto	esquejes de tallos o brotes; injertos por copulación o escudos
Jazmín Especies de *Jasminum*		blanco, amarillo variable	planta de interior, de jardín o de invernadero, a partir de 5 °C	1-5 m trepadora	esquejes, acodos
Kalancoe *Kalanchoe*		diversos todo el año	planta de interior con luz, 15-20 °C	15-20 cm suculenta	esquejes, plantas adventicias
Lantana *Lantana camara*		diversos, fin. primavera-ppos. otoño	macetas con luz, 5-15 °C	1-2 m arbustivo	esquejes

Nombre	Requerimientos	Color de las flores Floración	Empleo Hibernación	Altura Desarrollo	Multiplicación
Limoneros, naranjos y similares Especies de *Citrus*		amarillo, naranja variable	plantas de jardín o maceta con luz, 5-15 °C	1-3 m árboles	esquejes, injertos, no es recomendable emplear semillas
Olivo *Olea europaea*		verde, violeta fin. verano-med. otoño	macetas, jardines con luz, 5-10 °C	2-5 m árbol	esquejes; injertos por copulación o por escudo
Orquídea *Phalaenopsis*		diversos variable	planta de interior con luz, 18-25 °C	60-80 cm un solo tallo	plantas adventicias, división
Palmito elevado *Trachycarpus fortunei*		amarillento ppos. verano-med. verano	maceta con luz, 5-10 °C	hasta 8 m palmera	siembra
✿ Paraguas *Cyperus alternifolius*		amarillo ppos. verano-fin. verano	planta de interior con luz, 5-15 °C	1-2 m hierba	esquejes (colocar en vasos con agua de modo que las yemas de hojas estén hacia arriba)
✿ Pasionaria Especies de *Passiflora*		diversos fin. primavera-ppos. de otoño	maceta, jardín con luz, a partir de 5 °C	2-4 m trepadora	esquejes, acodos
✿ Primavera del Cabo *Streptocarpus*		diversos fin. primavera-ppos. otoño	planta de interior con luz, 15-20 °C	20-30 cm planta baja	esquejes de fragmentos de hojas (plantar medias hojas)
✿ Trompetero Híbrido de *Brugmansia*		diversos fin. primavera-ppos. otoño	planta de maceta a media luz, 5-10 °C	2-3 m árbol	esquejes; siembra
✿ Yuca Drácena *Yucca, Dracaena*		blanco, con la edad	plantas de interior y de jardín con luz, 5-20 °C	1-3 m con forma de palmera	esquejes de tallo, acodos con musgo

Frutales y hortalizas

Nombre	Requerimientos	Fruto	Altura Crecimiento	Patrón	Multiplicación
Ciruelo *Prunus persica*		amarillo, rojo fin. verano	3-8 m arbolito	ciruelo obtenido de semillas	injerto por escudo
Manzano *Malus*		verde, rojo fin. verano-med. otoño	3-8 m «Tipo M»	árbol pequeño	injerto por copulación o escudo
Pepino *Cucumis sativus*		verde med.-fin. verano	2-3 m, reptante o trepador	calabaza	siembra; pinzamiento
Peral *Pyrus*		verde, amarillo fin. verano-med. otoño	5-15 m alto y estilizado	membrillero	injerto por copulación o escudo
Nogal *Juglans regia*		marrón fin. verano-fin. otoño	10-15 m poco denso	nogal silvestre	esquejes, injerto por copulación

Calendario de trabajo

Med. de invierno-Med. de primavera: el arranque de una nueva temporada

MEDIADOS DE INVIERNO

- ➤ **Preparación:** Vaya guardando recipientes reciclables que encuentre por casa. Estudie los catálogos de semillas y fíjese bien en las novedades.
- ➤ **Siembra:** Todavía no es momento de sembrar las especies que necesiten mucha luz, las que se conformen con menos puede iluminarlas con lámparas especiales para plantas.
- ➤ **Esquejes:** Espere un poco.
- ➤ **Injertos:** Las púas conservadas en arena hay que guardarlas en el sótano y mantenerlas ligeramente húmedas.
- ➤ **Cuidados:** Riegue las plantas jóvenes con moderación.

FINALES DE INVIERNO

- ➤ **Preparación:** Compruebe la capacidad de germinación de las semillas del año pasado. Compre semillas nuevas si es necesario.
- ➤ **Siembra:** Ahora es el momento de sembrar las flores de verano de desarrollo lento para que puedan florecer a partir de finales de primavera.
- ➤ **Esquejes:** Plante en el exterior los esquejes de plantas leñosas resistentes al frío. En las plantas de interior conviene empezar por los esquejes de tallo.
- ➤ **Injertos:** Para realizar los injertos de copulación o de contacto conviene esperar a que haga mejor tiempo, si no los tallos son demasiado quebradizos.
- ➤ **Cuidados:** Elimine los chupones cortándolos por la base.

Finales de primavera-Finales de verano: descendencia récord en su jardín

FINALES DE PRIMAVERA

- ➤ **Preparación:** Si la primera siembra ha germinado bien, compre más semillas y vuelva a sembrar.
- ➤ **Siembra:** En la mayoría de las regiones, a partir de mediados de finales de primavera ya no hay riesgo de heladas, por lo que se puede sembrar tranquilamente al aire libre.
- ➤ **Esquejes:** Los estolones arraigan con rapidez, también es un buen momento para los acodos.
- ➤ **Injertos:** No es un buen momento para injertar, porque las plantas pierden mucha savia al hacerles el corte.
- ➤ **Cuidados:** Ventilar bien los cultivos cerrados.

PRINCIPIO DE VERANO

- ➤ **Preparación:** Reproduzca usted mismo las matas ornamentales que ahora están en plena floración, como lirios, azucenas y similares.
- ➤ **Siembra:** Las matas con flores de primavera que ahora ya tienen semillas podemos sembrarlas de inmediato, siempre que no sean demasiado sensibles al frío.
- ➤ **Esquejes:** Es el momento ideal para plantar esquejes de plantas leñosas.
- ➤ **Injertos:** Ahora se realizan los injertos por escudo.
- ➤ **Cuidados:** Cuidar que el suelo y el aire conserven la humedad. Vigile la posible aparición de parásitos.

Principios de otoño-Principios de invierno: preparativos para el próximo año

PRINCIPIOS DE OTOÑO

- ➤ **Preparación:** Es el momento de recoger los frutos de su jardín. Limpie las semillas y guárdelas en la nevera.
- ➤ **Esquejes:** Separe los bulbos hijos de las plantas de bulbo resistentes al frío y plántelos.
- ➤ **Injertos:** Ya pasó el tiempo de injertar. Controle los ya realizados y, si es necesario, afloje la cinta elástica.
- ➤ **Cuidados:** Conserve solamente las plantas jóvenes más robustas y deshágase de las demás.

MEDIADOS DE OTOÑO

- ➤ **Preparación:** Aproveche la época de la cosecha para recolectar semillas de hortalizas y frutales.
- ➤ **Esquejes:** Las plantas de interior pueden seguir multiplicándose por plantas adventicias.
- ➤ **Injertos:** En cuanto las coronas de las plantas pierdan sus hojas se podrán cortar ya las púas para injertos.
- ➤ **Cuidados:** Combatir los posibles parásitos antes de que puedan debilitar a las plantas.

➤ **Preparación:** Limpie a fondo los semilleros, recipientes y cubiertas empleados el año anterior.

➤ **Siembra:** Ahora es el momento de sembrar la mayoría de las flores de verano en la repisa de la ventana o en un pequeño invernadero, lo mismo puede hacerse con las hortalizas.

➤ **Esquejes:** En cuanto ya no haya riesgo de heladas será el momento de dividir las matas.

➤ **Injertos:** Hasta finales de principios de primavera todavía se pueden realizar injertos por copulación.

➤ **Cuidados:** Si se siembran plantas de especies exóticas puede que necesite emplear esterillas eléctricas para asegurarles una temperatura constante.

➤ **Preparación:** Para las siembras sucesivas hay que emplear siempre tierra nueva; no aproveche restos.

➤ **Siembra:** En las regiones de clima suave o cálido, las flores de verano y las hortalizas pueden sembrarse directamente en el exterior. Tenga a mano algunas lonas de protección.

➤ **Esquejes:** Es el mejor momento para los esquejes de raíz.

➤ **Injertos:** Ahora es cuando hay que injertar las plantas de lugares cálidos, como los cítricos, las higueras, etc.

➤ **Cuidados:** Empiece a separar las plantitas que ya hayan germinado, a las más desarrolladas se las puede pinzar (págs. 37/38).

➤ **Preparación:** Intercambie las plantas que le sobren con amigos y vecinos. Así todos tendrán una mayor variedad y se ahorrarán dinero.

➤ **Siembra:** Vuelva a sembrar en el huerto o en los arriates de hortalizas después de recoger la primera cosecha.

➤ **Esquejes:** Es el mejor momento para plantar esquejes de plantas de maceta o de interior.

➤ **Injertos:** Es el momento ideal para los injertos de escudo. En algunas plantas todavía se pueden hacer los de copulación.

➤ **Cuidados:** Dar sombra a los cultivos durante todo el día.

➤ **Preparación:** Recoger las semillas o protegerlas antes de que se diseminen espontáneamente.

➤ **Siembra:** Es el momento de sembrar las flores bienales, como las violetas, para que puedan desarrollarse bien antes de que llegue el invierno.

➤ **Esquejes:** Ultima oportunidad para plantar esquejes: los que se planten más tarde es posible que no sean capaces de resistir el invierno.

➤ **Injertos:** Aún se pueden realizar los últimos injertos.

➤ **Cuidados:** Trasplante las plantitas jóvenes más desarrolladas.

➤ **Preparación:** Muchas semillas de frutas exóticas pueden germinar si se las planta en la repisa de la ventana: por tanto, no las tire y aprovéchelas para nuevos cultivos.

➤ **Siembra:** Siembre las palmeras en cubetas con calefacción porque tardan meses en germinar.

➤ **Esquejes:** No haga nuevos esquejes: ponga a hibernar los que ya estén bien arraigados.

➤ **Cuidados:** No mantenga la tierra demasiado húmeda.

➤ **Preparación:** Controle las semillas que tiene guardadas y separe las que se hayan estropeado.

➤ **Siembra:** Si se les proporciona calor y luz adicional, ya se pueden sembrar las flores de verano que tengan el desarrollo más lento.

➤ **Injertos:** Puede empezar a realizar los de copulación.

➤ **Cuidados:** Coloque las plantas jóvenes en un lugar ventilado y con buena iluminación para que no aparezcan hongos.

Índice alfabético

Los números expresados en **negrita** hacen referencia a las ilustraciones

Debido a las grandes diferencias climáticas y microclimáticas existentes, hemos establecido los criterios hortícolas pensando en un jardín de una zona templada media, sin grandes heladas invernales ni un calor sofocante en verano. Por lo tanto, cada lector deberá adelantar o retrasar las labores correspondientes dependiendo de si su jardín se halla en una zona más cálida o más fría que la media considerada.

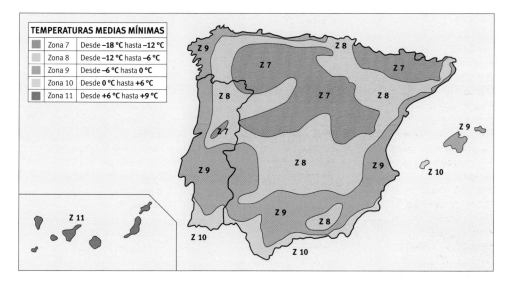

TEMPERATURAS MEDIAS MÍNIMAS	
Zona 7	Desde −18 °C hasta −12 °C
Zona 8	Desde −12 °C hasta −6 °C
Zona 9	Desde −6 °C hasta 0 °C
Zona 10	Desde 0 °C hasta +6 °C
Zona 11	Desde +6 °C hasta +9 °C

SIMIENTE FRESCA

Al cabo de un cierto periodo de tiempo, que varía de unas especies a otras, las semillas pierden su capacidad para germinar. Por tanto, tómese muy en serio la fecha de caducidad que se indica en la bolsa. Conserve las **semillas** en un lugar **fresco** y oscuro. El calor, la luz y la humedad hacen que las semillas se agoten antes de que empiece realmente el **proceso de germinación**.

Así obtendrá los mejores resultados al multiplicar sus plantas

EL MOMENTO ADECUADO

Para multiplicar sus plantas, espere a que llegue la **primavera** y los días sean más largos y cálidos. De lo contrario, las plántulas no podrían desarrollarse correctamente. Las reservas energéticas de la semilla se consumirían antes de que la planta pudiese tener las raíces bien desarrolladas. Los mejores meses para la multiplicación de las plantas son de finales de primavera a finales de verano.

NO TRASPLANTAR DEMASIADO TARDE

Si en un semillero hay demasiadas plántulas, competirán constantemente por la **luz** y los **nutrientes**. Si se las separa a tiempo crecerán mucho mejor sin obstaculizarse mutuamente. Ponga **sólo una plántula** por maceta. Pero tampoco hay que trasplantarlas antes de hora, pues se les podrían dañar muchas raíces.

BUENA SALUD DESDE EL PRINCIPIO

Reproduzca solamente plantas sanas. Los brotes y las **raíces** deberán estar limpios de parásitos, porque éstos producen diminutas heridas en las hojas que constituyen una excelente **vía de entrada** para virus, bacterias y hongos que perjudican mucho el desarrollo de las plantas.

UN SUELO CON LA HUMEDAD PRECISA

Ni las semillas ni los esquejes prosperan bien si la **humedad del suelo** cambia constantemente. Bastan unas horas de sequía para que se interrumpa la germinación de las semillas. Pero el exceso de humedad hace que las raíces se **pudran** rápidamente. Observe las plántulas varias veces al día y pulveríceles agua o riéguelas frecuentemente, pero con moderación.

HERRAMIENTAS LIMPIAS

Las cuchillas sucias permiten que los **agentes patógenos** tales como virus y bacterias puedan acceder al interior de las plantas. Para evitar estos contagios es necesario **lavar** a fondo todas las **cuchillas** antes de su empleo, o incluso desinfectarlas si se va a trabajar con plantas muy delicadas.

Nuestros 10 consejos básicos

HACE FALTA PACIENCIA

No todas las plantas se reproducen en cuestión de **pocas semanas.** Las semillas de muchos árboles y palmeras pueden tardar incluso meses en germinar. Por tanto, no se desespere y no vacíe los semilleros antes de hora, a lo mejor obtiene **resultados positivos** el año que viene. Muchas semillas que sólo germinan después de las heladas también se toman un plazo de dos años.

UNA EDUCACIÓN FÉRREA

Las plantitas jóvenes no tienen que hacer lo que les venga en gana. Si crecen demasiado deprisa pero débiles, habrá que pinzarlas. Este **pinzamiento** estimula su ramificación y hace que aumente su densidad. Las plantas poco estables hay que apoyarlas en un **tutor** para que crezcan rectas desde el principio.

LA EXPERIENCIA ES UN GRADO

Es mejor reproducir demasiadas plantas que demasiado pocas. Siempre es aconsejable realizar varios **intentos** paralelos, especialmente en el caso de los injertos. Anote en un cuaderno todo lo que haga y así podrá aprender mucho acerca de las épocas, las **técnicas** y las especies de plantas empleadas.

LA UBICACIÓN IDÓNEA

Las plantas necesitan luz para poder crecer. Pero la **radiación solar directa** seca las hojas de muchas especies. Por tanto, las plantitas jóvenes es mejor mantenerlas en un lugar húmedo y al que no le dé el sol directamente. Más adelante ya se acostumbrarán al sol.

Directora de la colección: **Carme Farré Arana.**

Título de la edición original:
Pflanzen vermehren.

Es propiedad, 2004
© **Gräfe und Unzer Verlag GmbH,** Munich.

© de la traducción: **Enrique Dauner.**

© de la edición en castellano, 2005:
Editorial Hispano Europea, S. A.
Bori i Fontestà, 6-8 - 08021 Barcelona (España).
E-mail: hispanoeuropea@hispanoeuropea.com

Depósito Legal: B. 20648-2005.

ISBN: 84-255-1586-6.

Consulte nuestra web:
www.hispanoeuropea.com

ADVERTENCIAS IMPORTANTES

> Algunas de las plantas que se mencionan en este libro son venenosas o irritantes. No hay que consumirlas.
> Guarde los abonos e insecticidas en un lugar fuera del alcance de los niños y los animales domésticos.
> Si se hace alguna herida trabajando con plantas es importante que acuda a su médico de cabecera. Podría ser necesario administrarle la vacuna antitetánica.

EL AUTOR

Hans Peter Maier es ingeniero y dirige una empresa dedicada a las plantas tropicales y exóticas, tanto de interior como para invernaderos y jardines, en la que la reproducción y el cultivo de las especies está a la orden del día.

AGRADECIMIENTO

El editor, el autor y el fotógrafo agradecen la desinteresada colaboración de la empresa W. Neudorff GmbH.

Crédito de fotografías:

Bornemann: Portada, 11-13, 15, 17, 19, 21, 27, 37, 39; Becherer: 49 izquierda; Borstell: portada interior/1, 7; GBA/Nichols: 64; Jahnreiss: 14, 18, 36, contraportada izquierda; Nickig: 35, 44 derecha, 45 izquierda, 45 derecha, 47 izquierda, 48 izquierda, 51 izquierda, contraportada derecha; Pforr: 6, 28, 33, 45 centro, 47 centro, 47 derecha, 50 derecha, contraportada centro; Redeleit: 8, 20; Reinhard: 23, 26, 42/43, 46 derecha, 48 derecha, 50 izquierda, 51 centro, 51 derecha; Sammer: 3, 40; Schneider/Will: 9, 22, 38; Stein: 32, 44 izquierda; Stork: 2/3, 4/5, 10, 24, 25; Strauss: 46 izquierda, 49 centro, 49 derecha. **Ilustraciones:** J. Brandstetter
Fotos de la cubierta y del interior: Portada: multiplicación por esquejes; portada interior / página 1: jardín con huerto; páginas 5/6: utensilios para la siembra; páginas 42/43: geranio; página 64: arriate con verduras; contraportada: macetas de barro con semillas (izquierda), puerro (centro), coles jóvenes (derecha).

LIMPERGRAF, S. L. - Mogoda, 29-31 (Pol. Ind. Can Salvatella) - 08210 Barberà del Vallès